# 城镇化未来

## 中国城市发展的挑战与契机

网易财经中心◎主编

中国言实出版社

# 目录

第一章

# 大城市特权下的城镇化之路

# 城镇化的本质就是经济自由

周其仁
北京大学国家发展研究院教授

---

土地的使用权确定，分到家庭，以后要在这个基础上发展转让权。光把使用权给农户，这只是解决温饱的问题。虽然有了使用权，农户会努力种那块地，但如果现在加上转让权，他就有了更广阔的经济机会。某些情况下那块地不只是供他自已种，他可能转给别人种，或者转作其他用途，所以要把这个转让权充分培育起来。这里也要运用大量的市场机制，不能完全用行政权去配置。

---

土地改革对中国经济意味着什么？这一直都是社会各界的聚焦点。关注中国的土地问题和我的经历有关，我有过10年下乡的经历，回来以后参加了农村调查。在很多的机缘巧合之下，正好碰上了土地方面的变更。我们下乡去考察，他们也欢迎我们去考察，就这样一路积累了过来。

古典经济学讲经济发展，就是把几个元素放进一个框架中，最简单地讲就是那么几个要素，一个是人力，你得把劳动力放进去，一个是资本，再一个就是土地。过去讲经济就是靠三大要素，后来才又增加了一个维度，即组织，这些要素怎么能有效组织起来，组织办法不同，经济的产出也不同，这是原来经济学的一个基本的框架。土地是财富之母，古典经济学就是这么讲的，所以我很关心。

我的思路是这样的，土地的使用权确定，分到家庭，以后要在这个基础上发展转让权。光把使用权给农户，这只是解决温饱的问题。虽然有了使用权，农户会努力种那块地，但如果现在加上转让权，他就有了更广阔的经济机会。某些情况下那块地不只是供他自己种，他可能转给别人种，或者转作其他用途，所以要把这个转让权充分培育起来。这里也要运用大量的市场机制，不能完全用行政权去配置。在我看来，现在我们的土地基本就锁在行政权这个笼子里，如果能引入市场机制，这对于土地资源的充分利用、对于收入分配的调整、对于协调很多社会矛盾都是有利的。

## 确权是土地流转的基础

确权是土地流转的基础，对中国经济未来的发展非常重要。土地需要流转，可是权限没有确定清楚的流转是很危险的，因为我们的行政权可以利用土地变更的过程，有可能再次剥夺农民利益，把他们应该享有的利益又拿走。正是存在这个危险，所以土地流转之前要加一个前置，这是我们在成都调查以后学到的，就是要把确权放进去。

确权也是受了城市的启发，我们在成都当地接触一位干部，他做过城市工作，也做过农村工作，他发现虽然城市改革晚，可是城市的有些产权界定比农村做得好，城市里的人买了房子，就有了房产证、有了土地使用权证，这些都是有政府保障的权限，有了这些权限房子就很容易流转，形成一个市场。可是农民世世代代的那个地，它没有一个权益的合法表达，没有这个表达，想要流转就会遇到很大的摩擦和障碍，所以他就提出确权，确权是基础。但是我们研究确权，发现有些问题好多年不理清，现在要从头去确权，有难度。

城镇化要处理好各种权利关系，未来要处理的不光是国家和农民之间的关系，还有中央政府和地方政府之间的关系，城镇化不完全是一个物理的过程——建楼、盖房子、修基础设施，其实这里头重要的是权利关系。20 世纪 80 年代的改革是把土地的使用权长久、清楚地界定给农民，然后用法律来保障。现在要解决的问题是要让转让权也达到同等的水平，这样这个资源就能够按照市场准则来进行配置。当然，城镇化涉及的问题非常多，包括中央政府、地方政府，各级不同的政府都牵涉其中。现在，城镇化的一个缺点是行政性太强，每个行政区划都想城镇化，这与城镇化的大趋势是不一致的，人往哪里流动、项目往哪里流动，不应该完全看行政级别，还要看经济机会。此外，还有好多经济关系、法律关系以及政策要调整、要改革。

2008 年，成都首先提出了“还权赋能”，提出这个口号的背景就是城乡之间存在差别，除了收入、生活方式的差别，其中还有一个就是权利状态的差别。为什么在城里你买房子，有比较完备的产权保障？为什么农村世世代代那么多土地、山林、房屋，就没有一个完整的法律表达，到现在也不能够抵押？农村金融之所以大量地让位给高利贷，与此是有关系的，全世界范围内土地都是很好的抵押资产，房屋也都可以抵押，为什么我们的农村就不可以？这个问题不解决，不在观念上、政策上解决，这与我们主观意图要发展农村、保护农民利益是背道而驰的。“还权赋能”，第一是把权利还给农民，第二是赋予权能，比如说农村的土地可以抵押、租赁，其使用权和转让权都齐备。

我们观察到，成都从 2003 年开始走这条路，首先是三个集中、加快土地的整理，到了 2008 年提出了“还权赋能”，之后我们追踪了两三年，一直到他们做确权工作，到2011年左右在全域范围内落实下去。确权方面还有很多工作要做，因为确了权以后，权利流转的时候，还要搭建一个交易平台，让交易公开、公正地进行，让全社会更全面地了解交易的相关信息，这样价格机制才会更完善，所以成都也搭建了产权交易所，这个进步我们也很肯定。

根据观察，土地确权之所以困难跟历史原因有关。任何一个资产的权利状况都有很大的历史性，比如说宅基地，非常复杂，有的人是“土改”的时候就分了的，“土改”可是1950年、1951年进行的，距离今天已经几十年过去了，人口、社会、政策发生了很多变动。还有一批人是在人民公社时代出生的，出生以后通过集体分配获得了宅基地。所以这中间又有符合标准、不符合标准等，各种复杂的情况。

要把它理清楚，就得把所有边界划分清楚，这是一个巨大的投入。这个投入的收益是什么？有了这个投入，以后的流转就容易了。如果没有这个投入，进行流转的时候，矛盾就会拉住你，缠住你的手脚，所以还是应该花一点力气进行确权工作。难度是挺大的，首先面临的就是一个巨大的工作量。这个工作如果过去做了，比如说过去60多年的情况都清楚了，那么今年发生新的情况，我们在产权登记上做一个修订就很容易把情况搞清楚。可如果没有这个基础，前头的陈芝麻烂谷子都没理清楚，那难度就非常大。

## 唯有土地国有化才可市场化？

唯有土地国有化才可市场化？这种模式是有缺陷的。城镇化，不是政府想主导就能主导的，这是一个非常基础的常识。1988 年，我国在土地方面发生了一个很重要的变化，宪法修订后规定，国有土地依旧不能买卖、不能租赁，但是国有土地的使用权是可以转让的，这样就开了个口子。这个口子开了以后，我们才看到土地可以拍卖、融资，才可以看到工业和城市获得了一个新的筹资功能，这就是土地市场化的过程。但法律规定的是国有土地的使用权可以转让，那么相对更大一块的农民的土地使用权能不能转让呢？法律没有交代。于是就变成了农民的土地只有被政府征用变成国有土地，才能进入到市场化转让中来。

用行政手段拿地，以卖的手段形成收益，作为地方政府它会怎么做？地方政府一定会跟农民形成很大的竞争，希望征到更多的地，希望以更低的成本征到地。这里面有营利的考虑，地方政府要通过拿地来发展财政收入。第一个后果就是体制上陷入了一种两难的境地——政府和农民之间的利益发生体制性的冲突挑战。

第二个后果是什么？土地相当于变成了政府的囊中之物，只有政府才能确定哪一块是卖的，哪一块是划拨的，行政机构和官员在土地的配置上有太大的权力。很多大的案子都牵涉到土地，一块土地由于工业化、城镇化，升值非常快，低价拿来再以市场价出手，中间差额太大了，这个利益诱惑让人难以抗拒。所以这就带来了几方面的不利：一方面是跟土地有关的腐败现象越来越多，另一方面是政府对资源配置的效果通常不好。一方面我们说地价贵，另一方面好多土地没有充分利用，闲置的土地非常多，是什么原因？这说明并不是低价拿来、高价销售的体制最有效，原因是低价拿来的有时候就会不那么爱惜，这就是土地的利用机制不够合理。

这种土地利用机制还导致了一种土地城镇化高于人口城镇化的反常现象。城市是密度比较高的空间体，所谓城镇化就是很多人到收入较高的城市去。而我们所谓的土地城镇化，就是城镇建成区面积扩张的百分比比城镇人口的提高快，这不是降低了密度吗？怎么出现这个现象的？从机制上找原因，这跟我们现在一手征地、一手卖地是有关系的。

现在，关于这方面的讨论已经蛮热烈了，2008 年召开的中共十七届三中全会就决定逐步收缩征地规模，扩大集体建设用地的市场准入。但是 2008 年的决定，我认为没有认真推。没有认真推的一个原因是 2008 年以后遇到了金融危机的冲击，需要扩大投资来带动内需，而扩大投资都是要用地的，所以实际上这些年征地规模是提高了，没有降低。从经济、社会情况来看，这个关键领域如果不推进改革，土地资源将难以为继，官民关系也难以改善，土地城镇化的效率也难以提升。

## 城镇化的本质就是经济自由

经济自由乃城市之根基，目前的城市根基却远远不够牢固和宽广。中国历史上很多城市是行政化的城市，就是设一个衙门，所以过去都讲级别，什么级别以上的衙门可以建一个围城，都是有规定的。当然也有很多因经济活动形成的城镇，所以城镇化的两条来路，一个是根据军事的需要、行政的需要，建立一些行政的管理点，然后有了官员区，有了人口的集中，慢慢发展出市场，发展出经济生活，发展出民生。从全球看，还有另一类城市，实际上就是农村出来的自由民还有被长子继承制排挤出来的人，他们聚在一起，因为他们都不继承土地，是自由民，大家聚到一起，慢慢地工业、商业、服务业就这么发展起来了。这两种城市起源，放在我们今天讲的城镇化语境下，显然更重要的是经济活动推进的、市场活动推进的城镇化，这是经济自由的结果。

历史也表明，高度计划体制的时候，我们的城镇化率是下降的。从 1958 年、1959 年的大概百分之十九点几，降到了 1978 年的百分之十七点几，降了将近两个百分点。等到经济改革，增加了农民自由以后，城镇化率就上来了。这实际上就是人往高处走，哪里收入高，人们就会心向往之。城市只要创造更高的收入，就会集聚更多的人口，这是一个自然的过程，不可阻挡。所以我得出的结论是，城镇化的本质就是经济自由。

我们现在要在已有的基础上再发展城镇化，需要更大的经济自由，包括金融，包括户籍，包括公民可以选择到哪里去上学、到哪里去报考，这些权利都要给公民。中国的土地资源是山地居多，平地很少，在这种情况下其他经济需要相对集聚，因为集聚起来才能有足够的耕地，经济活动才能更有效。但是我们多少年来城镇化滞后，讲穿了就是经济自由滞后。所以现在要倒过来做，扩大经济自由。当然，各种各样的经济自由之间怎么能够更有序，这是改革当中要研究的问题。

迁徙自由是经济自由当中较为重要的一项，要没有迁徙自由就没有城镇化。因为所谓迁徙自由就是我看到那里有一个机会，我可以过去，可以临时去，也可以长久去，也可以把家搬去。迁徙自由在 1954 年的宪法里就有的，但是多少年来落实得不好。

允许迁徙自由就是给体制装上一个安全阀，一个体制允许能有一定程度的流动，政策就不可能错得太离谱，你太离谱我就会走。体制里的成员如果可以跑，其政策不会不合理到离谱的程度，因为不合理他就跑了，反之一旦你不准他跑，你迟早会把那个体制弄到非常荒唐的程度。过去不正常的饥荒是怎么发生的？很大程度上就是人不能跑。没有退出权、没有移动权，会给制度酿成一个很大的灾难。

## 改革红利来自市场和公正

黄怒波
北京中坤投资集团有限公司董事长

我希望改革不光是说的声音很大，也不光上层说，应该要考虑到从底层就一点一滴做起来。比如说，是否把市场化的程度再恢复起来、活跃起来？邓小平的改革红利，就是市场化，如果现在想要重启这个红利，首先要激发民间的积极性，改革不能简单地自上而下，应该是双向的。

## 中国房产税不合理

除了限购和限贷，政府还热衷于通过房产税来调控房地产市场，上海、重庆皆有试点。但实际上房产税本身有不合理的一面。我认为像美国最后当然要靠房产税来调节房地产市场，但美国跟中国不一样，中国土地是公有的，你卖我已经收了一次钱了，美国是地卖给我就是我的了，所以这个问题，对中国政府是个智慧的挑战。总体来看，我觉得中国土地供应的问题和地方政府的土地财政问题不解决掉，不管出台什么，都不能真正解决房地产市场的乱象。

## 改革红利来自市场和公正

2013 年年初，国家领导人说改革是中国最大的红利，要让这个利更多地落在百姓身上。对此，我希望改革不光是说的声音很大，也不光上层说，应该要考虑到从底层就一点一滴做起来。比如说，是否把市场化的程度再恢复起来、活跃起来？邓小平的改革红利，就是市场化，如果现在想要重启这个红利，首先要激发民间的积极性，改革不能简单地自上而下，应该是双向的。还有，市场的资源要向民企多倾斜一些。我不反对国企，国企干得好，我们也沾光，但是不能把中小企业掐死了，百分之八十多的就业还是靠民企的，所以社会资源的配置应该再公正一点。

这些年，国企在中国经济发展当中起了非常非常大的作用，而且现在国企的概念确实跟过去不一样了，市场化的程度也很高。但是近十年由于金融危机的出现，就是把原来市场化的东西回归到垄断了，把原来已经推向社会的东西又回归到国企手里。凡是垄断的地方哪有竞争，凡是垄断的地方哪有创新？所以市场和政府的游戏规则要结合起来，不能完全靠垄断。国民经济走到这一步，我不反对国企，我反对的是垄断，一定要把市场的资源配置化、垄断化破掉。

2013 年“两会”闭幕后，国家领导人在记者会上表示，政府下决心要再把各部门的行政审批削减三分之一以上。我相信政府，但难度挺大的。这会有一个过程，但这个过程社会需要适应，哪些该市场化、哪些该政府承担起来，大家应该先达成一个共识。不是简单地把一些废弃的条款去掉就算改革了，很多法规本身就很荒谬，本身就该不要。最关键的是，政府要有所为，有所不为，权力过大的政府带来的一定是腐败、寻租行为，所以我觉得政府的权力一定要限制，政府不是万能的。

## GDP 增速不在于保几在于真实

2013 年，官方表示国内生产总值（GDP）增速要保 7.5%，这口号本身我就有点反对，动不动要保多少，但是用各种手段去保，带来的后果呢？现在发那么多钞票，通货膨胀怎么解决？所以还得实事求是，经济该增长多少就是多少。当然这跟现在官员任用制、地方政府的考核有关系，我更希望的是政府能把市场激活、把权力让出来、把资源重新配置，这样 GDP 增速也许就能到 8%、9% 了，这才是改革。哪有政府说今年要保 7.5%，每个部门就开始造数据的。所以这一届政府，我很欣赏，我们要实事求是。

## 真正的城镇化是实现城乡平等

**雷颐**
著名历史学家、中国社会科学院近代史研究所研究员

对农民来说，城镇化不能靠强迫式的剥夺，关键应该是让农民和城里人享有同样的权利。我觉得不应该是土地的城镇化，不是把这一块地变为某个市，划归为城市的一部分，然后把农民搬走，搬到另外一个地方，把城里人安排到这儿住。而应该是，如果说它归了城市，就慢慢地发展。

## 城镇化应该是什么样子

世界各国的现代化，是慢慢实现转型的过程，慢慢地城镇化。问题是在中国，只要上面一提倡“什么化”，大家就采取那种“大跃进”的形式。我觉得城镇化应该是自然而然、水到渠成的，政府只是以适当的政策进行鼓励、激励。

从历史的角度来看，西方城市的出现，就是一种自由精神。所以西方的城市和中国历史上的城市是不太一样的，西方的城市是封建领主实行农奴制的情况之下，一些逃亡的农奴在统治者没有统治到的边缘地区，或者几个统治者交界的地方、谁也不管的地方，慢慢建立起一个自治的小团体，所以城市（City）里的人叫做Citizen，我们现在说的公民实际上在英语中就是这个词。我觉得最根本的一点，城镇化应该是自由的、开放的，让人真正成为公民，城市应该是个公民的大课堂。

西方在经历了文艺复兴、启蒙运动之后，建立起了自由精神，但是中国似乎缺乏这一过程。中国近代的思想家王韬、郑观应、梁启超、康有为、严复等都做了很多这方面的工作，但是像这种文艺复兴、启蒙运动需要一个和平的环境，才能一点一点像春雨一样润物细无声，它们是一个长期的功效，长期的功效往往需要一个和平的环境，而中国近代的情况特殊——总是面临着亡国之险，启蒙的进程很不顺利，直到现在才有了和平的环境，所以我们还在慢慢地做。

### 真正的城镇化是实现城乡平等

还是从历史这个角度来看，城镇化肯定是一个经济现代化的趋势。我们衡量一个国家的现代化水平，有一个重要的指标就是城镇人口占的比例有多大。对农民来说，城镇化不能靠强迫式的剥夺，关键应该是让农民和城里人享有同样的权利。我觉得不应该是土地的城镇化，不是把这一块地变为某个市，划归为城市的一部分，然后把农民搬走，搬到另外一个地方，把城里人安排到这儿住。而应该是，如果说它归了城市，就慢慢地发展。我们知道中国在 1949 年之后发展的过程中，因为这种户籍制度，整个资源大幅度地往城市倾斜，城里人享受的福利、优惠条件要比农民多得多。在城镇化过程中，我觉得最重要的是让那些原本在这里生活的农民，真正成为所谓城里人，和城里人享受同样的权利、同样的福利、同样的待遇，这才是真正的城镇化。

### 社会阶层上升通道应打通

社会阶层能否流动，实际上是考察一个社会能否稳定的非常重要的一个方面，用我们的话说，就是人有换车道的权利，我本来在这个车道，可以拐到那个车道。

自 1978 年以来的改革，在两个方面取得的重要成就，我觉得是应该承认的。第一个就是恢复高考制度，使贫穷人家的孩子通过高考也能够进入大学，尤其是那个年代大学生是很稀罕的，大学生一出来，就能成为国家干部。第二个，从 1953 年开始中国实行了严格的城乡二元化管理，农民根本不能进城，但 1978 年之后慢慢放松了，逐渐允许农民进城打工。虽然打工的农民因为他们的身份问题还受到了很大限制，受到了很不公正的待遇，比如说他们干的活儿比城里人要多、要苦、要累，而他们得到的报酬和福利比城里人、比城镇户口身份的人要少得多。就算这样，在 20 世纪 80 年代，那些能进城打工的农民还是欢天喜地的，因为虽然比城里人差很多，但和自己原来在农村时那种吃不饱、整天吃杂粮的状况相比，已经好很多了。

现在的问题是这种状况应该与时俱进，已经过了三十多年了，不能还是这样。20 世纪 80 年代进城的第一代打工者的孩子都长大成人了，已经二三十岁，我做过一些采访和调查，发现他们对乡村的记忆跟他们的父辈很不一样。他们的父辈是跟过去在农村的经历比，但他们从小在城里长大，他们现在是跟城里青年比，凭什么他们的小孩就不能上学，不能这样、不能那样，而且他们还干活干得多。这也反映出中国社会发展到这儿，必须得打破城乡二元的身份制度了。广大农民群众——这个最根本的社会阶层，得享受和城里人一样的一种平等的权利，尤其是受教育的权利。

**构建让公民意识觉醒的环境**

除了和平以外，还要怎样去构建一个让公民意识觉醒的环境呢？启蒙，实际上和具体的日常生活有关，这方面已经在一点一点觉醒，虽然这种启蒙感觉不到，但实际上是很有效的。比如说以前的人们都没有维权意识，也没有力量维护自己的权利，但现在那种表达不同意见的能力被一点一点训练出来了，比如很多群众在征地、拆迁问题上懂得跟政府交流自己的意见了。不过，在一个多元化的社会中，有各种各样的意见，哪怕是很荒诞、很稀奇古怪的，都会冒出来，这该怎么办？

我认为你荒诞、你稀奇古怪，我很愤怒，我就拿拳头去打你，这行吗？我觉得在意见表达的方式和对不同意见的接纳上我们的群众素养还需要一点一点的改善，而这问题要回归到最开始孙中山谈《罗伯特议事规则》。当时，孙中山就意识到要从一点一点的小事儿改变，让人们逐渐认识到自己的权利，认识到对方的权利，认识到我们怎样维护自己的权利，怎样在维护自己权利的同时又不侵犯别人的权利，国家的权利在哪儿，我们个人的权利又在哪儿，了解国家和我之间权利的界限，等等。

另外，用言语表达我对你的愤怒，在适当的场合批判，和直接去会场捣乱是不同的。比如说在规则之内，你有 10 分钟时间发言，我也有 10 分钟，我可以反驳你，但哪怕我再愤怒，在不是我的 10 分钟之内时，我就得听着你讲。就是要通过这样的小事儿来进行启蒙。

## 持续推进改革

再看当下的几种思潮：有的说一定要坚持现在的不能变；有的说现在的可以坚持，但是要改革，一定要从上到下、有序地改革；还有的说要进行更彻底的，或者手段更激烈的变革。不论你赞同哪一种，我只是客观叙述有这么三种而已。

我不太了解上层的情况，现在上层对于改革的决心如何我只是根据他们在报纸上公开发表的讲话来判断。比如说国家领导人说过，要尽量地把经济的问题交给市场，要减少审批权利，政府要限制自己的权利，简政放权。

中国是渐进式改革，改革也已有三十多年的历史，在改革开始的前几年是社会阶层整体受益，差别只是受益的多少不同，所以那时候几乎是全民一致支持改革。但是改革本身并不是一启动就好了，并不是只要这样做下去就会永远好，它的弊病会有些滞后，会越来越多，进而产生很多社会问题，随着问题的积累社会矛盾也会越来越尖锐。可以说现在就处于这个时候了，人们觉得很多深层次的问题必须得解决了。这些问题不解决，不进行更深入的改革，改革红利就会被慢慢吞噬掉，所以，为了社会的前进，为了我们每个人的利益，还得改革。

改革开放三十多年使经济和人民的生活有了很大的发展，但我觉得更重要的意义在于让这个社会又开始一点一点复苏了、重建了，我觉得这是改革三十多年最大的意义。

而要化解当前社会中阻挠改革的诸多不良心态，我觉得最关键的就是国家领导人曾说过的：第一，要想办法把权力关进笼子里；第二，能交给市场的尽量交给市场。当然其他还有很多，但是我觉得最重要的是这两点。

# 城镇化是中国发展的长期动力

马骏
中国人民银行研究局首席经济学家

从中长期来看，城镇化主要是从供给方来推动经济增长。经济增长的长期动力，如果从经济学的索罗模型来判断的话，第一是来自于劳动力，第二是来自于资本的投入，第三是来自于生产率的提高。

## 两个正面力量推动经济上行

中国经济的恢复呈现一个U型，而不是V型，V型是一个非常快速的反弹，而U型是一个比较缓慢的、逐渐的复苏。有两个比较正面的推动力量使2013年下半年的经济比上半年好，第一个就是融资总额的增长速度，在2013年6月之前的9个月里已经看到有明显的上升，从2012年年终的15%左右这样一个存量融资总额的增长率，上升到接近21%，这意味着企业手里其实已经有钱了，只是很多企业还没有把这些钱真正投到实体经济当中去，经过一段时间，这些融资总额的增长，应该会体现出经济的上行。

第二个，如果看一些指标的话我们就会发现，2013年下半年企业的投资可能比上半年要好。比如房地产开发商近期买地的速度在大幅度增加；另外制造业企业在2013年前三个月的利润同比增长达到了12%多，而2012年的前10个月都是负增长，也就是说利润在恢复的过程当中，如果再持续一段时间，制造业企业也开始会有比2013年上半年更强的投资欲望，虽说恢复的趋势没有变化，但是要感觉到比较明显的恢复，恐怕要等到2013年下半年了。总体上来说，2013年上半年的经济是在整体恢复的，应该是处于U型的前三分之一这么一个时段。

通过观察央行公布的“5000户工业企业设备能力利用水平指

数”，可以发现该指数在2012年三季度已经见底，也就是说产能利用率最糟糕的阶段已经过去了，2013年6月的数据应该比那个时候高一些，虽然不是高很多，但是改善的趋势已经开始体现出来。

## 政绩考核应弱化GDP指标

很多人认为政府不应该这么重视GDP增速是否达到或超过8%，而应该更加重视经济增长的质量；同时中央政府考核地方政府的政绩，应该从GDP考核转向经济增长的质量考核。

这其实涉及两个问题，第一个问题就是GDP增速到底是高一点好还是低一点好，第二个是怎么样考核地方政府的政绩。关于GDP增速高好还是低好，这要从经济学来判断，按其他国家的经验，如果长期来看经济增长能够维持比较适度的就业水平，那么所对应的GDP增速就是合适的GDP增速。但是在中国比较难判断，为什么呢？因为我们没有定期发布的可靠的就业率数据，所以短期来看只能参照通货膨胀率。但是通货膨胀有很多指标，应该选一个比较好的通货膨胀指标，比如说去除了一些短期的像石油、食品等因素以后的能比较真实地反映经济过热程度的这种通货膨胀指标，这个指标合适的情况下，它所对应的GDP增速就是比较好的GDP增速，就是我们的所谓潜在的GDP增速。每个人有不同的判断，有不同的模型，不同时段的数字可以做不同的判断，我估计比较适合我们的 GDP 增速，在目前来讲应该是 8%~8.5%。

那么，怎么样来考核地方政府的政绩呢？我个人的观点是，应该把 GDP 指标从整个考核指标体系当中去掉，代之以其他以民生为主的考核指标，比如说教育、卫生、环境、失业率、环保等。如果能够做成一个综合性的、能够确实反映老百姓的幸福水平的指标，以它来考核地方政府的政绩是最合适的。当然，从 GDP 指标转向这种新型的民生、幸福指标，是一个很复杂、很困难的过程，应该在地方上先做一些试点。

## 深化改革，防范财政危机

2012 年，我们做了一个中国国家资产负债表研究，其比较完整的结论描述如下：如果不改革，那么几大中长期的财政风险，包括养老金的缺口、医疗成本的上升、环境治理的成本，还有地方和铁路债导致的财政赤字和债务的压力，会让中长期的中国政府的财政前景变得不可持续，具体来说就是政府的显性债务占 GDP 比重，在不改革的情况下，到 2050 年可能会超过 100%。事实上，现在大部分的欧元区国家的政府显性债务占 GDP 比重都在 60%~80% 这样一个区间里，也有个别的一些国家已经超过 100%，美国的话在 100% 左右，日本的话在 200%，甚至超过了 200%。

现实就是相当多的发达国家已经陷入了某种程度的债务危机，

只不过有些没有马上爆发出来而已，有些可能已经通过某种形式爆发出来，像欧洲的一些国家。而美国你也不能说它没有爆发，2011年8月已经有评级公司把美国国债的评级下调，这也是一个小小的危机，一下调就会对市场产生冲击。经济学家在过去二十多年一直判断日本很快就要出问题，虽然到现在还没有发生，但不能排除某一个时点有可能发生这样的危机。

我们做中国国家资产负债表研究，并不是说要定一个绝对的标准，说超过这个指标肯定会发生危机。但是从目前显性负债百分之二十多，到以后不改革的情形下会上升到百分之一百以上，照这个趋势肯定是不可持续的，也就是说现在必须要未雨绸缪，提早防范在几十年之后可能出现的财政危机，必须要进行改革。

## 城镇化是经济增长的长期动力

在防范财政危机的措施方面，比如说养老金这块我们就提了两个建议（当然还有其他的选项），一个是提高退休年龄，比如说把企业男性职工退休年龄在今后38年当中提高4岁，把企业女性职工退休年龄提高9岁，这可以大大地缓解今后几十年当中养老金的缺口。第二个改革是将相当一部分国有资产的股份从政府手中划拨到社保，用这部分资产创造现金流来补贴社保的收支，以此来减少它的缺口。在医疗方面也有各种各样的改革建议，我们提到了一项就是要建立长期护理的保险体制。长期护理指的是老人中有相当一部分会失能，比如说 60 岁以上的老人平均有 7% 会失能，失能了就需要别人来照料，别人照料产生的这部分成本叫做长期护理成本，这部分成本的上升，会成为今后政府的一个重要负担，所以从现在开始，就应该考虑建立长期失能的强制性加商业性的医疗保险体制，有了这个保险体制以后，家庭和政府的中长期的财政压力就都可以得到减缓。

从中长期来看，城镇化主要是从供给方来推动经济增长。经济增长的长期动力，如果从经济学的索罗模型来判断的话，第一是来自于劳动力，第二是来自于资本的投入，第三是来自于生产率的提高。劳动力的增长肯定会放缓，这是我们人口结构变化的一个必然趋势，在这个放缓的过程当中，如果我们能释放出农村的剩余劳动力向城市转移的潜力的话，那么城市中劳动力的增长速度减缓，就不会像原来这么快，在某种程度上可以对冲劳动力减缓的负面因素。这是能够将经济增长潜力略有提升的最主要的一种机制。

第二章

# 房地产暴利时代已经终结

## 保障房应由独立组织分配

施永青
中原集团创始人、董事

能够买得起房子的人不应该是少数的投资者，而应该是广大的人民群众。只有这样房地产才是为人民服务的，而不单是解决有钱人储存财富的问题，这是最根本的。当然，这样的话房地产的价格就要调下来很多，但这也反映了以前的价格不合理。最好的办法不是价格一下子调下来，而是价格升到这个水平横行，经济慢慢追上来，使价格合理化，这样对经济的冲击比较小。

## 取消预售压房价适得其反

2012年8月23日，山东省保障性安居工程和房地产调控工作会议释放消息称，要在山东省全面实行商品房预售资金监管制度，选择有条件的开发项目，开展商品住房现房销售试点。此前，广西曾在2010年1月表示，要选择南宁作为试点推进现房销售，但很快这一计划便告夭折。

商品房现房销售试点，以前在香港也有过类似的做法，它不是完全取消预售，而是要求开发商晚一点开售。就是对开发商预售时房屋的建设进程有要求，本来建好了地基就可以预售，有一段时间就要求完工之前半年才可以开盘，这样就延后了预售的时间。当时香港为什么要这样做呢？我相信内地可能也有这种想法，主要是每一次开盘就迎来炒风，一炒楼价就升了，政府不想看到楼价上升，就不许开盘，要延后开盘。但是以前这种措施在香港实施过之后，证明是很失败的。因为不许开盘的结果就是，市场里面的客人饿得更厉害了，一开盘也就抢得更厉害了，效果适得其反。所以，我认为这不是个好办法，相反，应该允许提早开盘，这样市场里供应的房子就多了，开发商之间要抢客人，价钱就会便宜一点。

另外，这种做法还有一个不好的地方，就是降低了资金运用的效率。社会能不能发展得更快，跟资金运用的效率很有关系。如果允许早一点开盘，那开发商就可以早一点把钱收回来，这样他就可以提早计划，去准备做新的投资，用少一点的资金也可以做更大的开发，对企业来说当然有好处，对社会来说也有好处。除非现在市场里的供应量已经太大，要减少建设过度，那就要降低开发商的营运能力。但是依我看，在中国不同的城市有不同的情况，有一些城市的确是开发过量，比如内蒙古的有些城市，人口也不多，建出来的新房子比当地的人口还要多，这就是一种浪费。在这种地方可以不许开发商投资太多，减少其投资能力，这是对的。但是另一方面中国如果还要继续城镇化，还要让农村的剩余劳动力到城市里去的话，那么有些城市的房子本身不足够，则应该要帮助开发商好好地利用他手上的资金，去建设多一点的房子给搬到城市里的农民，所以每一个地方应该有所不同，不应该全国一刀切。

## 房地产市场调整还不够

到 2012 年为止，史上最严厉的房地产调控已经进行了三年之久。在中央政府旗帜鲜明的严控态度之下，地方政府的微调冲动也屡有出现。受此影响，2012 年 8 月，全国 100 个城市新建住宅平均价格为 8738 元 / 平方米，环比 7 月上涨 0.24%，这是自 2012 年 6 月止跌后连续第三个月环比上涨，其中 63 个城市环比上涨，37 个城市环比下跌。

其实中央也看到最近经济的形势不是太乐观。最大的问题出在国外，尤其是欧洲、美国等在金融海啸之后，都有了债务问题，有的地方还出现了经济衰退。在这样的情况下，他们购买中国产品的能力就低了，外需不振，我们的经济就遇到很大的压力。在这种情况下，中央政府的金融政策已经在改变，2011 年上半年的时候银根一路都收得很紧，又加息、又加存款准备金，但是最近银根已经松了一松，利息也降低了，存款准备金的要求也少了，这样银行可以支援房地产的钱就多了一点。从开发商的角度来说，2012 年的情况有所改善，因为银行有了钱，就可以贷款给买家，贷款的优惠也恢复了。所以 2012 年春节之后，很多开出来的盘业绩已经有所改善，当然其中一个原因也是开发商比较面对现实，把价钱调低了。所以现在房地产市场的情况不是希望经济好，而是希望经济不要太好，因为好了中央就会收紧银根，不是太好的话，中央还可能松一松。我觉得，2012 年年底的情况会比年初的时候好一点。

2012 年，很多房地产公司已经解决了资金链的问题，现在是宏观形势不配合的问题。房地产市场不可能单独发展，要经济好的时候，工资上升、收入增加，房地产市场才会有新的需求；也要经济好、生意好，才有人租写字楼，商业地产才会比较蓬勃。如果整体经济不是太好，对房地产行业也不能够冀望太多。我认为，中国房地产已经好了很多年，现在出现一定的调整也是应该的，前一段时间的调整，其实我认为还不够多。

怎么样才算够多呢？一个是价格基本上跟一般人的购买力相匹配，就是能够买得起房子的人不应该是少数的投资者，而是广大的人民群众也买得起。只有这样房地产才是为人民服务的，而不单是解决有钱人储存财富的问题，这是最根本的。当然，这样的话房地产的价格就要调下来很多，但这也反映了以前的价格不合理。最好的办法不是价格一下子调下来，而是价格升到这个水平横行，经济慢慢追上来，使价格合理化，这样对经济的冲击比较小。如果房地产的价格一下子掉下来太多，有些买了房子的人可能变成负资产，就是欠银行的钱比他房子的价格还高，那整个社会会受到很大的影响，消费能力、再投资能力都会受到破坏，经济可能收缩，这不是我们想看到的现象。但是如果任由它只是反映投资者的需要，那迟早也会出问题。美国的次贷危机也是房地产引起的，西班牙的问题大部分也是房地产引起的，所以中国政府要抓紧对房地产的调控，本身不能说没有道理。问题就是一收一放之间，怎么样不把经济弄死，这是高难度的动作。所以现在中央也不是不了解，只是觉得收紧一下，中国经济还是吃得消的。如果 2012 年下半年出来的数据真的太差了，我相信政府对房地产的调控也会松一松。

### 房地产信托需加强监管

在房地产市场持续调控之下，许多资金链紧张的开发商都选择了房地产信托产品以解燃眉之急。以知名房地产公司绿城为例，2012 年绿城面临超过 200 亿元人民币的短期债务压力，其中包括 45 亿元人民币左右的信托贷款。2012 年 6 月，绿城先是卖掉了绿城中国 24.6% 的股权给九龙仓，融资 51 亿港元，而后又转让了 9 个项目给融创中国，套现 33.72 亿元人民币。如此腾挪转移，皆被指出与信托到期有关。据国泰君安的报告显示，2012 年房地产信托总到期规模约为 1758 亿元人民币。

房地产信托，其实是政府要严加管理的一个金融部分，因为有些民间集资以房地产信托的方法去筹集资金，用高利息去吸引人家投资。在香港，没有项目之前是不允许这样去集资的，就是要集资，也得先告诉参与集资的人这些钱是投什么项目，这样他们才可以做决定。现在在内地我看到的是有些人用比较高的利息去集资，集资来做什么呢？就是去支持一些房地产开发商，但是投什么项目，事前也没有向投资者解释清楚，只是让投资者把钱交给他，让他去投，这是很容易出问题的。付的利息这么高，投的项目一定也是风险很高的，万一投资失败，怎么向广大的老百姓交代呢？吵了起来最后又要政府去承担，所以政府不应该随便让人去搞这种房地产信托基金。

我了解的情况是，房地产商面临的其实主要是资金链的问题，不是亏损的问题，不是说以前投的项目现在卖出去没钱赚，而是很多项目还没有到可以卖的时间，或者是市场价格不好，不想以这个价钱卖出去。压力比较大的时候，他们还是愿意降一点价钱卖出去的。就是说只要时间到了要兑付的日子，就可以逼开发商降价卖楼，就是赚少一点而已。所以，我认为借钱给开发商出大问题的不多，反而是借钱给工厂，现在没有订单，机器、原料也都没有人要，那才是真的还不起，开发商还没有到这么严重的田地。现在只是逼开发商接受跟别人合作，或者是用便宜一点的价钱开盘，我认为出大问题的情况会比较少。

## 目前房价已挤出投机水分

2012 年 5 ~ 6 月间，北京等部分城市出现了一波房价反弹的行情。为此，国家发改委、住建部和国土资源部等 8 个房地产调控的相关部门派出督察组，奔赴北京、天津等 16 个省市，就房价走势进行调研。督察组认为，只要严格落实现有政策，便能遏制房地产市场全面反弹的压力，因此没必要出台新的调控政策。

我相信其意思是，在 2012 年上半年的时候，房地产价格上升的这个趋势基本已经扭转了，价格不会出现大的调整，更不会大幅上涨。这样，购买力就可以慢慢地追上来，房地产价格跟经济脱节的情况就可以慢慢地减轻。

其实呢，在中国实施的调控政策已经非常之严厉、非常之全面了，但是效果只能够使房价不再继续上涨，或者出现一些小的调整，这种情况就表明中国的房地产还是有实际需求的，因为现在实行限购，除了刚需，没有人能符合条件去买了。想要买第二套房子，你得付出更高的首付比例以及贷款利息，所以到今天还说中国的房价是投机炒起来的，这就说不通了。如果说 2010 年是在炒，那还可以，当时真的很多人在炒，所以房价升得很快。现在基本上没有人在炒了，房价还是跌不下来，表示这个房价的支持能力还是挺高的。所以我觉得把整体的房价压下来去帮助没买房子的人，不一定是一个好方法。除了难度很高之外，如果真的把房价压下来了，对经济造成的冲击也会很大，打击面非常之宽。中国的城市里，80% 的家庭都拥有自己的房子，把房价压下来，拥有房子的人的财富就蒸发掉了，那他们怎么去消费、怎么去再投资呢？这对经济一定是不好的。现在有人在怨，但是房价掉下来之后，怨的人可能更多。我觉得，要解决没买房子的人的居住问题，更简单的方法还是政府划拨一块土地，专门为这些人建一批房子，在价格上政府做一定的调控，这在香港叫“居者有其屋”。个人觉得，可以有一些专门的房子是限价的，但不能让整个市场里面的房子都限价。

**保障房应由独立组织分配**

从 2011 年起，我国计划将在五年内完成新建保障性住房 3600 万套，以实现到“十二五”末，全国城镇保障性住房覆盖率达到

20% 以上的目标，基本解决城镇低收入家庭住房困难问题。2012 年 1 ~ 7 月份，全国城镇保障性安居工程新开工 580 万套，基本建成 360 万套，完成年度计划的 72%。然而就在政府投入巨资建设保障房的同时，分配不公、房屋质量差、交易牟利等问题却频繁曝出。

其实保障房建设，需要一整套的规划，我在香港也参加房屋委员会的工作，这是一个负责香港的廉租公屋跟廉价居屋的公益社会组织。它规定得很清楚，什么人是资助的对象，这个对象有月收入的上限，也有资产总值的上限，不同的家庭有不同的要求，是很公开、公平的。建设出来的房子也有一个排队轮候的规则，谁先选，谁要等，都是很清楚的。如果没有这种规划，那就可能变成有关系的先买到，有些人买得好一点，有些人买得差一点。我相信现在内地也在逐步地规范化，但是以前我在不同的地方也见过一些已经有房子的人，他还可以买得到这种房子，那就变成建出来也帮不了社会太多。

就香港来说，这个房屋委员会既有政府官员参加，也有社会公众人士参与，有些是专业人士，有些是在建筑行业任职的、在房地产行业任职的、在法律行业任职的，而且是公众人士为主导，他们都不是为了自己的利益。基本上决策是由这个委员会做出的，而执行靠的是政府官员。但是这个委员会可以对政府官员进行一定的监督，这样的话大家就觉得有把握，可以把供应落在有需要的人手里。另外，每年应该有多少供应，也有一个长期的政策，规定的收入上限，每隔一段时间也会调整，不可能永远不变，所以想要有一整套完整合理的营运方法，可以去香港参考一下。

## 抄底应参考世界经济

2012年7月10日，北京单价地王纪录再次被刷新。中赫置地以26.3亿元人民币的最高上限价格、配建16400平方米回购房的条件竞得万柳地块，这一价格折合楼面价约4.42万元/平方米。有业内人士为此算了一笔账，该地块仅项目成本就已经接近6万元/平方米，因此未来的开盘价格预计在8万元/平方米以上。

地王的出现反映出开发商又赚钱了，其资金链本来是很紧张的，都可能断了，但是2012年春节之后销售的速度快了，资金便又回笼了。他们有了钱，当然就会去投地，他投地出什么价钱，就看他之前卖房子卖了什么价钱，这是他们对未来的预期，反映出有一部分开发商觉得房价又会上升。但是这种情况只是在北京比较严重，其实有些地方的开发商还是挺审慎的，因为他手上还有很多地没开发出来，压力还是挺大的，我认为现在这种新地王的产生不会很普遍。经济增长在放缓，2012年的经济增速可能在7.5%左右，而且还有压力，可能会保不住，大家应该也都能感受到，所以去抢地的开发商应该是少数，只是在某些城市出现，不会全国一起出现。

而且现在应该不能够说是底，应该说在调整。其中很关键的是要看中国经济能不能软着陆，如果说经济经过一段时间的调整之后，可以很快地重回上升轨道，那这次调整是比较难得的，要把握住机会，趁调整的时候入市。但是如果世界经济真的出现问题，那中国经济也会受到拖累，经济放缓就不是一年半载的事，调整之后回暖一段时间，又会出现新的调整，这也不单是中国一个国家的事，现在已经全球化了，我们的经济跟世界各国联系在一起，没法儿独善其身，世界不好，中国也好不到哪里去。

### 房地产中介行业进入跨域扩张期

随着房地产调控的持续，房地产中介行业也面临着前所未有的压力。限购令带来的成交量萎缩，不仅助推着令人苦不堪言的关店潮，也潜藏着异地布局、并购新渠道的机会。2010 年 4 月，深圳世联地产以 4000 万元人民币的价格收购了济南信立怡高物业 51% 的股权；2011 年 1 月，深圳世联地产再次出手，以 3000 万元人民币的价格收购了四川嘉联兴业地产 51% 的股权；2011 年 11 月，上海的易居中国以 2563.20 万美元购买了美国公司 21 世纪中国不动产 37.3% 的股权。

其实所有的企业都在不断地增加自己地理上的覆盖面，在这个城市做得好了，就会打出去，看看在其他地方是不是也可以做得到。近两年，这种情况已经在全国铺开，很多地方性公司想变成全国性公司。所以，未来的竞争会更激烈，但是这是好事，你到我这里来，带来了你的那一套，就逼着我要学你的那一套，这样社会才会进步。

中介行业也在不断地汰弱留强，进步得很快，而这主要取决于公司的管理有没有提升。中原集团进入内地，刚开始是比较顺利的，因为我们在香港的这套营运模式证明比一些从中国台湾、澳大利亚、美国来的模式更好。我们是盘口共享，就是在公司里面，接来的盘是员工都可以做的，在其他公司很多时候盘口是接盘的人私人拥有，只有他可以跟业主联系，其他人都要通过他去跟业主联系，所以他们的配对能力比较弱。我们是盘口公开，大家都可以做，成交的机会比较多。但是现在其他的竞争对手在盘口公开的程度上做得比我们更好，他们在信息共享方面，不单是业主可以联络到，就是跟业主联络之后业主心态的改变、要求价格的改变，他们都传到电脑里让所有的人都可以看到。由于现在一些竞争对手管理得比我们细，他们也冒起来了。所以，我们现在面对的除了政府的限购政策之外，也面对一些新的行家，他们经营的效益比我们高，我们现在也要重新学习。

# 房地产调控无法维持是必然的

董藩

北京师范大学管理学院教授、北京师范大学房地产研究中心主任

对于政府提的房价调控长效机制，我是这么认为的，第一个原则是一定要把保障和市场分开，保障是保障，市场是市场，不要通过打压市场试图达到保障的目的，这是两件事情，一方面是扶助救济，另一方面是市场的正常运行，所以一定要把它们切开。

2012 年 6 月，中国践行了最严厉的房地产调控政策，当时中央对于抑制房价上涨的确表现出很大决心。一年之后，我们看到中国的房价依然在“悄悄”飙升，根据最新公布的两项私营部门的调查， 2013 年 8 月份平均房价继续加速上涨，中国房价连续第 9 个月同比上涨，连续第 15 个月环比上涨。大家对于未来的房价上涨都是心存疑问，未来的房地产市场究竟会怎么样走呢？行政化的房地产调控是否已经处于失效状态了呢？

**房价还会继续上涨**

在 2012 年 6 月的房地产调控政策发布后，我们看到一二线城市的房价仍全面上涨，如果站在稳定房价，也就是官方所理解的房价不涨的这个角度，毫无疑问这次调控没有达到目的。此前的限购、限贷等以行政手段来干预房地产市场运行的措施，基本上是宣告无效的，所以政府后来也提出了建立长效机制等，这本身等于变相承认了此前的调控措施没有达到目的。

我曾说未来五年北京的房价将迈进 10 万元人民币时代，这是因为：第一，常规来讲，也是要走向这个时代了；第二，也确实有很多迹象。整个中国的经济高速增长还没结束，北京作为中国最强的增长点，它就更强了。2006 年时我说，五年左右的时间，北京遍地是四五万；到 2013 年我们重新提出五年左右的时间可能迈向 10

万的时代，这一点都不夸张。事实上有一些热点小区已经到 10 万左右了，比如清华大学附近、万柳附近的学区房，基本上是在 10 万左右了，就算不是学区房，比如我现在住的这套房子，成交均价也在 6 万多了。这是一个很普通的小区，就达到了 6 万的水平，那么每年上涨不用太多，也很快就能达到 10 万左右。

现在经济形势在恶化，对房地产的这种调控不得不有所放松，在有所放松的情况之下，我们看到市场热度又在提升，这可以从最近的土地拍卖中看得很清楚。土地的成本在不断地上升，政府也没有办法，所以，当我们不能抑制人口继续聚集到北京这样的城市，当然还包括上海、杭州、深圳这样的城市，而供应量也不能急剧放大的时候，毫无疑问，房价会明显上涨，10 万并不遥远。虽然我们看到房价还在继续上涨，但是新一届政府已经很少再去提调控房价了，而是提要建设一个健康的房地产市场，可以说新一届政府对房价上升的容忍度比过去有所提高，更重要的也是面对客观事实的一个无奈选择，政府的想法一直没变，希望房价不要涨得这么快，但是我们发现，经济增速在下滑。

### 中央和地方都在放松房地产政策

2013 年中央和地方事实上都在放松，但是在政策上没有提，只不过有些说法回避了，没有说过去的政策不执行了，或者现在要适当放松了，这主要是怕呛着老百姓，但我们还是要理解后面的金融政策。

比如，国家领导人在国务院常务会议上又提到了，支持首套置业。所谓支持首套置业，就是现在的货币政策有所放松，首套置业的首付比例从三成降至两成，贷款利率也有了优惠等。但是，随后出现了“钱荒”，发现有别的问题，所以这个政策没有很好地落实，不但没有很好地落实，最近想贷款还很麻烦。

此外，加大棚户区的改造。棚户区的改造，实际上还是跟房地产连在一起的。这些棚户区的改造有一部分是和保障房连在一起的，还有一部分是市场化的行为。同时，我们的金融市场也开闸了，允许上市公司以发债的方式去融资，过去这方面卡得很死，现在已经有多家公司通过发债的方式在筹集资金了，这也是一个放松的表现。而且，在拍卖土地的过程当中我们也看到了，很多地王出现，政府并没有叫停，因为政府也需要这笔钱，所有这些都表明，无论中央和地方，在这个问题上都适当地放松了。因为保增长更重要，只要经济增长速度一降下来，一系列的问题就会出现，当地方政府的财政收入下滑，地方上的基础设施建设就搞不了，就业等其他方面的问题会连锁地出现。

## 合理的房价调控长效机制应该尊重市场，建保障房不如现金补贴

对于政府提的房价调控长效机制，我是这么认为的，第一个原则是一定要把保障和市场分开，保障是保障，市场是市场，不要通过打压市场试图达到保障的目的，这是两件事情，一方面是扶助救济，另一方面是市场的正常运行，所以一定要把它们切开。

第二个原则是“保障怎么搞”。保障不能再像今天这么干了，大规模地去建廉租房、经济适用房、限价房等。我一直反对搞实物保障，货币补助可能比实物保障更适合。比如有一位先生，他 40 岁以上了，房子住得仍然非常差，他的能力不行，实际上已经证明他符合条件了，这个时候我们给他钱，让他去租房子，这就有一系列很好的效果，首先补助的钱不容易流失。盖保障房的过程中有大量的环节，政府会介入，如果政府中某些官员不廉洁，盖保障房的财政补助就会流到他们的手里，寻租、行贿受贿，最后分房的时候把房弄到不该有的人手里。

货币补助会大大减轻现在保障房模式中出现的一些腐败问题。只是在确定谁是保障对象的时候有难度，就是信息可能不完整、不准确，但不管是实物保障还是货币补助情况都一样，你都要确定该去补助谁，可后边的环节就不同了。实物保障，中间要经手很多人，环节就大大增加了，如果直接发现金，中间没有其他环节，补助的

钱就不会流失。环节多了，我们监控起来、管理起来就多了很多麻烦。所以，我们应该努力地减少环节，防止被一些腐败的人利用了这些机会，造成财政补贴的流失。

**住房供应量难提高**

大家很不明白增加供应量怎么会那么难，因为这里头牵扯到多方面的原因。第一，最基础的原因就是我们国家要保障粮食安全。中国有 960 万平方公里的土地，但是在这 960 万平方公里的土地上，大约只有 20% 的土地是适合人类生存的，在这 20% 的土地当中又有 60% 是必须死保的 18 亿亩耕地，所以我们真正可以搞建设的土地是 8.8%，在这 8.8% 的土地上去折腾，事情就很麻烦了，太少了。

第二，每个城市都有其城市规划，城市规划应该是相对稳定的，不能随意去突破，所以土地供应也会有计划，想大规模地增加可能也受到抑制。所以，我们应该研究在这种思路、这种背景之下怎么样去改善供应状况。比如说过去土地出让面积太大，一动就上千亩，甚至几千亩给开发商，我一直认为这个思路是不妥的。一千亩地给一个开发商，和把它破成四瓣，让四个开发商来竞争，所达到的效果是不一样的。当四个开发商在这儿竞争的时候，每个开发商都要努力提高产品的质量，同时还要比价格谁低一点、谁卖得好、谁卖得快，这样对抑制价格上涨、提高产品质量都会起作用。但是如果是一个开发商，他有了相对的垄断地位，就不是这样了。所以，竞争会产生一个很好的效果，但是我们现在土地放出的量太大，达不到这个竞争的效果。

第三，我们城市既有的建设用地当中有整合的空间，但是整合难度大。比如说仍然有大量的低矮房子，20 世纪 50 年代到 80 年代建的那些房子，都是低层，看看能不能对它们进行改造，增加供应，因为这些房子往往占着最好的位置，城市建设从中心往外围扩，越老的房子相对来说位置越好，如果把它们改造出来变成高楼大厦，就大大增加了供应。虽然改造很困难、很麻烦，但是我们得去做。地方政府也会支持，为什么会支持，因为这种拆迁改造、新的建设，能增加 GDP、增加税收、增加就业机会。住在这些破烂区域的人也希望改造，为什么呢？谁都希望住上好的房子，只不过拆迁当中有补偿问题、有利益问题，他们可能要跟开发商或者跟政府争一争、斗一斗，这可以理解。

另外还有一个原因，我们国家对土地的投放相对说来一直是机械的。比如每年大约增长 10% 或者 15%，现在看来不行了，因为大规模的城镇化在推进，生活方式在发生巨大的变化，家庭在裂变，城市人口在增加。过去的人口增加主要在农村，10 亿人口中有 8 亿农民，农村是大头，现在不一样了，至少有一半的人在城市里，即使没有城镇户口，也可以在城市里生存。在这样一个背景之下，我们的土地供应需要变一变，原来是均衡地上涨，每年 10%，现在能否在爆发的时候稍微高一点，当过了爆发的高峰点的时候再低一点，总体上仍是这个量，但是要考虑到需求爆发的节奏，去适应、去调整，这样我想就比原来那种机械的土地控制供应好很多。

当然还有很多思路，我们需要研究，如果说有长效机制，把我说的这些意见采纳了，我觉得可能比目前决策部门他们现在在想的一些事情要好很多。

## 房价崩溃对普通家庭具有灾难性影响

甘犁
西南财经大学经济与管理研究院院长

我们都讲不要把所有的鸡蛋放在一个篮子里，这是很简单的道理，如果把所有的鸡蛋放在一个篮子里，一旦出了问题，鸡蛋就全碎了。如果你把所有的钱都放在房地产里，房地产这个市场出了问题，对家庭的影响是灾难性的。

## 房价上涨缩小贫富差距

2014年年初，西南财经大学中国家庭金融调查与研究中心发布了《2014年中国财富报告：展望与策略》。报告显示2013年全国家庭资产基尼系数是0.717。事实上财富的基尼系数和收入的基尼系数是不一样的，财富的基尼系数一般大于收入的基尼系数，收入的基尼系数又大于消费的基尼系数，这个关系在各个国家各个地方都是这样的。财富的基尼系数0.717在国际上相比不算特别高，比如说美国的财富基尼系数就高达0.8。

报告里还指出北京市家庭总资产的83.6%是房地产，中国人将房地产的资产配置比率安排得如此之高，许多人担心会加重贫富分化的严重性，因为有房的人、有钱的人可能更容易享受到房产增值的收益。但目前看来这反而在减少贫富分化，因为我们即使很穷的家庭也有一套房子，从资产增长比例来说，贫穷家庭的增长速度反而超过特别有钱的家庭，因为有钱人的资产配置比较平衡，他既有房产也有别的。可房价跌的话，有钱人的整体资产也不会跌那么多，穷人的整体资产就会跌得很惨，这个时候贫富差距会拉大。所以，它是双刃剑或者两个方向有不同的后果，如果房价涨，贫富差距会减少，如果房价跌，贫富差距会拉大。

而且财富的基尼系数在过去三年有一个显著的下降，为什么？

虽然收入、财富的分布仍然非常不均，但是下降的原因非常明显，跟大家的直观感觉一样，就是房市。中国最有钱的这批人的家庭资产配置更为平均一些，房子在他们的资产当中的占比要低一些，他们还有工商业资产、金融资产等其他方面的资产，这些资产在过去几年增长的速度不如房子增长的速度那么快。所以总的来说有钱人的资产增长速度反而低于普通老百姓，因为老百姓的资产只有房子。普通老百姓资产的增长速度反而超过比较有钱的家庭的整体资产增速，这样，我们的财富基尼系数在下降。当然，这实际上也是一个风险，因为老百姓的资产都在房子上，一旦房市出了问题，他们资产缩水的幅度也会很大。

## 房价崩溃对普通家庭具有灾难性影响

中国老百姓把资产大多数配置在房地产上，应该说有两方面的原因，第一个原因，当然是中国老百姓有这么一个传统，觉得房子很重要，没有买房子好像就不能安家立身。第二个原因实际上是市场的原因，房价在过去这些年涨得很快，凡是以前买了房子的人现在至少账面上的资产都非常好，增长得很快，结果就是我们身边的人买房子都赚了钱，我们自己也去买房子赚钱了。这是一个非常重要的投资原因，再加上 2014 年股市不景气，大家的钱没地方投资了，只有投在房子上了。我们都讲不要把所有的鸡蛋放在一个篮子里，这是很简单的道理，如果把所有的鸡蛋放在一个篮子里，一旦出了问题，鸡蛋就全碎了。如果你把所有的钱都放在房地产里，房地产这个市场出了问题，对家庭的影响是灾难性的。

房子本身就有两个属性，一个是居住属性，一个是投资属性。在中国，目前房地产在家庭总资产中的占比是 65% 左右，不同的地区这个比例还不一样，一线城市因为房价很高所以高一些，北京是 83.6%，上海是 75%。我们中国目前的资产配置状况，基本上 65% 是房子，12% 是金融资产，房子和金融资产加起来有 80% 左右，剩下有 5% 是汽车，再剩下的是工商业资产，还有一些其他的量不大。在国外，以美国为参照，差别就很大，房子和金融资产在总计 80% 的比例中 40% 是房子、40% 是金融资产，而我们 60% 多是房子。

这不仅体现了中国老百姓投资理念的不理性，同时也表明他们并没有很好的渠道去了解投资。我觉得理性不理性跟信息有关系，比如投资房子，如果看过去的历史表现，那是非常理性的。但是从另外一个角度来说还有信息量不足的问题，就是这么多房子卖了这么多年，而且这么多人买了房子以后，房子是不是还会长期地、持续地涨价，这就需要分析。因为看的是将来，这个分析就需要大量的其他信息，比如我要在这个小区买套投资房，我需要了解这个小区房子相关的需求和供给信息。其中一个供给信息就是有多少房子是空置的，可是这种信息我们完全没有。

## 空置率过高，房市前景暗淡

2014 年 6 月，西南财经大学中国家庭金融调查与研究中心发布了一份关于住房空置率的报告，报告出来之后，有部分人认为空置率较高。实际上，从空置率的定义来说比较复杂，其中非常关键的一个因素就是休闲度假的房子怎么算，这是很难界定的。

所以我们做了一个调查，因为我们有样本，进行了全国的抽样调查以后我们知道了每一户有多少套房子，我们问了在调查的当时房子是自己住还是没人住，或者是租出去，由此得出一个空置率的数据，全国整体是 22.4%，我们能够细化到六大城市，能够细化到全国的各个省，但是我们无法再往下走了。所以我们的数据在全国范围内和各个省内是有代表性的，比如说我们在北京抽样的时候有将近 1300 多户的数据，这 1300 多户是随机抽的，基本可以代表整体的北京市，当时北京算下来整体空置率是 19%。

有人说现在国家正在走一个大规模的城镇化路线，可能在城镇化的过程中这些空置率可以被消化掉。这是一个非常重要的问题，也是在城镇化过程中我认为整体的包括业界、学界还有政府对城镇化理解的一个非常重要的误区。实际上城镇化进程分两类，一类是被进城，一类是主动进城。被进城是指什么呢？比如说我是一个农村户籍住在农村的人，后来我的居住地变成了城镇，就是乡改镇、县改区或者是县改市，它的行政区划代码变了，但是我仍然住在我原来的房子里面，我的户籍仍然没变，只是我住的这个地方在统计意义上变成了城镇。另一部分我们叫它主动进城，实际上我们一般认为的城镇化，就是农民工带着行李到城里打工，他们离开了自己的原住地，他在城里需要房子。至少从短期来看，被进城者和主动进城者，他们对住房的需求和他们的状况是完全不同的。我们的误区是拿主动进城的人代替了整体的城镇化，所以实际上 7000 万进城的家庭中只有一半的家庭需要住房，另外一半暂时不需要，他们的房子面积还很大，就像现在出现的城中村。那今后他们有没有需求？可能再过一二十年会有，但是他们现在买不起也没有住房的需求。所以就出现了商品房大量空置着，以为这些人会住在里面，但是实际这些人不需要，他们也没有这个钱。我认为就是这种被进城和主动进城的巨大差距导致了中国大量住房建设的浪费，房地产开发大大地超前了。

过高的空置率是我并不看好未来房价走势的一个非常重要的原因。还有一个重要的原因是，我们的研究成果显示，目前的房价主要是靠预期驱动，购房的家庭当中超过一半已经有一套房子，多套房的比例增大，大家主要是想投资。预期驱动比较脆弱，因为既然是投资，就意味着这个投资品不是刚需，一有风吹草动卖掉的可能性比较大。我们做了一个压力测试，发现空置房和非空置房差别比较大。非空置房时间稍微长一点，购买得久一点，涨价可能涨得多一点，所以问题不大，抛售压力也不大。但是空置房如果总体价格跌 10%，那么就会有 20% 的空置房可能亏本，这时候抛售压力来了大家都想出售，房价就垮掉了。

所以，我们在这个调查研究做完以后，没有办法对房地产市场保持乐观。

## 取消限购也托不住下跌的房价

现在，各地的限购普遍开始取消了，这是政府在试图救市，因为看到了房地产市场潜在的风险，或者说已经有风险了，有的地方严重一点，有的地方没有那么严重。各地对限购的作用可能也有些争议，我觉得限购政策出来时没能把价格限制住，房价一旦冲上去了，就算史上最严限购政策也没用，它没有把房价上涨的势头压下去。同样，我觉得现在取消限购也不太可能把房价下跌的趋势托住，因为目前影响房价的核心是预期，如果预期要涨，赚钱的动机太强烈，就限制不住，如果预期要跌，就算降价也不会有人买，别说取消限购了。在中国，大家都认为北京、上海没问题，从需求和供给的角度来看北京、上海，可能是不一样。北京、上海的房子全国人民都想买，比较坚挺，但要注意的是，现在北京、上海如果是刚需驱动那么问题不大，如果仍然是预期在驱动，预期可是会传染的，杭州的房价下跌，北京、上海的老百姓可以不管，但如果再出三五个杭州、全国各地都下跌，北京和上海怎么可能不受影响？每天报纸都在报，一定会影响预期的。

有些人看到发布的一些房地产市场数据，以为投资需求在下降，好像大家在投资的时候已经开始谨慎。但是2014年二季度和一季度相比，我们问了那些购房的家庭到底为什么购房，其中一个理由就是投资。我们的数据每次出来的时候大家都有疑问，实际上我觉得是非常合理的。就跟炒股一样，股价跌了以后总有一批最乐观的人会冲进去买，觉得机会来了，就去抄底了。我们也问卖房的家庭到底为什么卖房，其中一个理由是估计房价会跌，早点卖，可以在高点卖出去，这个比例在显著上升。所以，大家的预期在分化，但整体是在下行。

## 推行“负税率”激励政策以减少贫穷

《2014年中国财富报告：展望与策略》提到：在中国，10%的家庭拥有了63.9%的总资产，而这10%的家庭主要是民营企业主。这还不包括政府的一些官员或者高管的灰色收入。现在灰色收入统计做得最权威的是王小鲁，但是他的统计方法和我们的方法有很大的差别，他的统计很难直接为我所用，所以这个事情很难估计。

以前我说过基尼系数过高不是非常严重的事情，一些人就问基尼系数过高背后的成因会不会是一个很严重的问题呢？我觉得成因也不是问题，但是它给了我们一个机会，让我们看到现在没有做到的。我们这个社会和其他社会的差距不是我们的市场经济不够发达，或者市场经济被扭曲了，而是我们对穷人的保护和支持不够、保障不够。我们现在做的就是所谓二次分配转移支付，没有从社会创造的财富当中拿出足够的资源去扶持、帮助中国最贫困的家庭，这是我们的问题。

如何正确处理二次分配是需要着力的，要保证政府将这部分钱如数地下放到下面。我们提出来而且目前也正在实践的方法是“负税率”。我们现在的状况是，比如低保户，他挣了一块钱，核实了以后给的补助就少一块钱，因为低保的目的是为了救济特别赤贫的家庭，这个时候从低保户的角度来说我多挣你就少给，总量不变，我为什么还挣钱？其后果是影响了人的劳动积极性。“负税率”则是你挣了一块钱我不仅不拿走，我还给你一定的补助，低保户的积极性来了，这样的话你为社会做了贡献，政府也帮助了你，是正向激励。不过，现在我们还有很多细节没搞清楚，比如如何核实收入、如何去做、到底补助多少合适、能不能真正产生效果等，这是个非常长期的工作。

## 回归市场成为房地产调控新逻辑

陈准
中国社会科学院研究生院城乡建设经济系主任

从宏观经济层面来讲，我们认为中国对于经济增速放缓的容忍度增强了，中国选择继续改革，容忍改革中出现的经济阵痛。我看在经济增速放缓的大背景下，作为支柱产业，房地产业在未来有这么几个特点：一个是市场之手取代政府之手，这将是市场运行中游戏规则建立的常态。

## 房地产新常态之一：市场之手取代政府之手

自国家领导人关于中国经济要适应新常态的表态后，从宏观经济层面来讲，我们认为中国对于经济增速放缓的容忍度增强了，中国选择继续改革，容忍改革中出现的经济阵痛。我看在经济增速放缓的大背景下，作为支柱产业，房地产业在未来有这么几个特点：一个是市场之手取代政府之手，这将是市场运行中游戏规则建立的常态。我们仔细回想一下，过去十余年，真正决定了房地产发展规模、速度、价格、空间分布的，究竟是政策还是市场？过去几年价格的变动、成交量的变动都是市场顽强地按照它自有的轨迹在运行着，政府只能提醒你开得太快了，让你减点速。

我们的房地产市场发展到今天，根本决定力量是市场。过去十余年，被政策掩盖的市场作用逐步显现出来了，就像一个人发烧，大夫给他调控吃退烧药，当天晚上不烧了，但引起发烧的那个病因被掩盖了，现在不去吃退烧药，身体的一个或者若干个失衡的部分就显现出来了。现在，市场机制正在发挥作用，而且将来主要依靠市场作为决定性力量，会被视为常态。这既是我们改革的既定方针，也是我们从 2013 年这一届政府上台以来所看到的事实，比如说供大于求，我们是今天才有供大于求的吗？实际上在过去很长时间内，大多数时间和大多数城市都呈现为供大于求，只不过被恐慌性的政策所掩盖了，媒体说房价涨了，于是出台国五条、国八条、国十条，真正把这些条去掉之后发现，我们的市场始终运行在供大于求的基本格局中。

既然房地产市场始终是一个供大于求的市场，又是什么在支撑价格上涨呢？举个例子，20世纪90年代初期上海浦东开发，房子卖不出去，人称鬼城，这可是沿海一线特大城市。到2002年上海市政府出台蓝印户口，鼓励外地人到上海买房子，说可以享受上海市民待遇，子女可以在上海参加高考，这也没换取需求。浦东开发10年之后，说可以个人所得税抵免，买房免税，简单说就是花50万买了房子，将来的50万收入，不征个人所得税，这优惠程度相当于政府补贴15%~20%，也没人买。再来是契税减半再减半，国家规定商品房契税3%，普通住宅1.5%，上海0.75%，上海人奔走相告，说宁要浦西一张床，不要浦东一间房。后来怎么样？当初宁要浦西一张床的人，现在都在卫生间打自己嘴巴子呢！

实际上在过去10年中，别说地市级城市，就是省会级城市，三分之二以上始终是供大于求的。我们中国刨了港澳台，30个省、市、自治区，其中西部的12个省、市、自治区，大概除了成都供不应求和供大于求有过一些交替，表现为温和上涨，基本上都是供大于求的。中部的6省，河南、山西、湖南、湖北、江西、安徽，大概除了武汉类似于成都，其他省会级城市都是供大于求的；东北三省的哈尔滨、长春、沈阳始终是供大于求的。供大于求没那么可怕，只不过原来被政策，被一个地方得病、全国吃药的政策掩盖了，现在则是市场之手发挥的作用使它显现出来了。

2014年房地产的成交规模是我们有房地产业以来的第二高点，这只不过是过去被政策给扭曲了的需求得到了市场之手的纠正。2013年年初，上一届政府的最后一次常务会议出台了国五条，等于发出了房地产的动员令，导致了2013年的量价齐升。

总结起来，一是，政策掩盖的市场力量、市场的内在矛盾初步显现或者逐步显化出来。二是，房地产的需求，本来就是前置后措。2013年是成交的大年，一部分2014年、2015年的需求被提前释放了，2014年是小年，很正常，2014年观望，一部分需求被推迟到2015年、2016年，也很正常。因为房地产的需求不是即时需求，不像吃饭，今天的需求推不到明天，明天的需求也不可能提前到今天，今天的饭就得今天吃，但房地产可以，它的需求前置后措3~5年很正常，所以就有了大小年之分。

三是，在快速发展的10年中，房地产业不论是其规模、涉及的人群数还是盖房子的面积等，都累积了大量的不平衡，地下与地上、改善型需求与脱困型需求、沿海大城市与中西部城市的不平衡。比如2008年北京奥运会和2010年上海世博会，我们向这些城市集中投入了人力、物力、政策、资源导致的不平衡，需要市场的一段自我修复期。有的人需要80平米，他一下子买了200平米，有的人需要20平米，结果没买着，这种种不平衡需要资源再优化配置，存量资源供和求之间要相互寻找一下。

2014 年出现了市场新形势很正常，就是市场之手正在取代政府之手。如果说过去 10 年政策有什么缺陷，第一大缺陷就是不断地强化政府权力，从土地招拍挂、90/70 政策、加征 0.5% 的营业税，到限购、限贷，无一例外都在强化政府的权力，市场之手越来越看不见了，这才导致了很多不平衡不断累积，很多市场应该发挥自我调节作用的没能够适时、适度地调节。

**房地产新常态之二：波动运动模式取代单向运动模式**

2014 年 3 月 16 日发布的《国家新型城镇化规划（2014-2020 年）》也明确提出了一个说法，今后将以“市场主导、政府引导”为主，所以第二个常态是过去 10 年快速发展中的单向运动模式将被波动式的运动模式所取代。只要中国的城镇人口是增长的，而且是快速增长，我们就一定需要盖更多的房子、更快地盖房子和盖更好的房子。规划中还明确说，到 2013 年我们的城镇人口已占到全社会总人口的 52.3%，但是它也明确说这 52.3% 里有 17 个百分点，涉及 2.4 亿人，他们被叫作农民工，他们并没有真的市民化地定居在城市。而且规划明确到 2020 年或者周期略长一点，城镇人口所占比重将提高到 60% 以上，这样要进城的人口还将超过一个亿，所以我们需要盖更多的房子。

不仅有农民工进城，现在城镇中已经有房子的这些人，将来会成规模群体性地进入改善期。北京户籍居民、有北京户口的户籍居民至少有一半还住在房改房里，房改房是好房子，一般说来它都在核心地段，但是它的面积、房型、功能，只能满足基本需求。穿衣服，遮寒蔽体叫基本需求，讲四季、分场合、讲体面叫改善型需求，追求时髦叫享受型需求，非名牌不穿叫奢侈型需求。房子也类似，现在城镇居民中有房子住的一大批人，成规模群体性地进入改善期了，原来满足他们基本需求的住房现在随着消费需求的升级变得不能满足了。

所以，2014 年 9 月 30 日，央行、银监会通知，修改了首套房的认定标准。通知还提到了贷款利率优惠的下限为贷款基准利率的 0.7 倍。这一限贷政策正是为了支持改善型需求。一个普通家庭只有一套住房，这套住房当初是跟银行贷过款的，卖掉这套住房再买一套还是一套住房。这样的需求在未来 3~5 年或者更长一段时间是比年轻人结婚、娶媳妇要大得多的改善型需求。政策应当保护、支持、鼓励这种自住型、改善型的需求，现在看有不满足市场合理性需求以及误伤了一大部分的地方，应该调整。

但是全面取消限贷我觉得也不可行，因为抑制投机型需求主要是靠斩断不断放大地动用金融杠杆。你花 100 万买套房子，房价涨到 130 万，你卖了，但是当初 100 万卖你房子的开发商已经没有 100 万的房子等着你去买了。你的卖价和重置成本是同步上升的。

房子的赢利途径是不断放大地动用金融杠杆，比如我以三成首付、七成按揭的方式花 100 万买了一套房子，房价涨了，涨到了 130 万，我把它卖了，为什么要卖呢？因为明天还会涨！明天涨我才卖，我拿回 130 万房款，还掉银行 70 万贷款后，我还有 60 万现金，这个时候如果还可以三成首付、七成按揭，那我就可以买总价 200 万的房子，如果明天、后天还涨，你说是持有 130 万的房子盈利多还是持有 200 万的房子盈利多？这依靠的是不断放大地动用金融杠杆，只要斩断它，就能有效地抑制那些不合理的炒房、投机型需求。

所以反过来说，完全放开限贷、随便贷款，对社会、对市场的稳定是非常不利的，就像在泄洪区上种庄稼，一旦灾害来了你将无以防备。但是我们应不应该支持老百姓以旧换新呢？这是在未来一段时间内市场需求的主力，也是我们生活水平不断提高、老百姓生活改善最重要的方面，衣食满足之后，住和行的需求成为新结构的主体方案。

新常态既是供求关系的相互调整，还是房地产业自身优胜劣汰的必然过程。过去 10 年房地产业迅速发展，发展到这么大规模，就没听说过开发商破产的。市场目前只是轻微调整，邯郸就出现开发商跑路了，但那太个别了。其实，在波动过程中我们需要淘汰一大批不合格的、低效率的资源支配者，来完成这个产业的选择过程。过去太过薄弱，需要一段波动过程，淘汰掉那些低效率的资源支配者，把资源向优质的、高效率的支配者手里集中，这样我们的城镇化质量就提高了，用同样的资源就可以让社会的需求满足程度提高。市场经济永远淘汰的是病弱的个体，是群体的进化过程。

## 房地产新常态之三：买方市场供大于求取代卖方市场供不应求

过去的我们，熟悉的是供不应求，但现在卖方市场供不应求已经全面地为买方市场供大于求所取代，供大于求成为市场发展的常态。

20 世纪末亚洲金融危机的时候，中国的消费品市场从极度短缺逆转为供大于求，从卖方市场买不着写条子凭票转为供大于求。当时还只是最终消费品市场，在过去几年中这个供大于求的基本格局已经逆转为深层次的生产能力过剩，不仅仅是牛仔裤、食品、化妆品的供大与求，而且包括钢材、水泥、平板、玻璃、石油化工等。

2013 年的房地产业是量价齐升、购销两旺，为什么？不是需求不旺，是因为种种的生产能力严重过剩，因为深层次上我们已经全面转型到工业化中后期，需求是经济增长的主要动力。工业化初中期，怎么发展生产是最关键的问题，比如说怎么造出更多的汽车、炼出更多的钢、发更多的电、挖更多的煤，这是社会经济总量增长、老百姓福利增长、生活改善的关键，得把东西多生产出来。到了现在，多生产出东西来不难，怎么把这些东西卖掉是经济发展的障碍所在，这已经为所有的经济理论和发达国家走过的历程所证明，就是工业化中后期买方市场是常态、供大于求是常态，都要面对这么个问题，开发商也是。尽管前期中国从人人都是无产者的阶段，向越来越多的家庭具备资产累积能力的阶段的进发过程中，呈现出了阶段性的供不应求，上海、北京等大城市今后供不应求的情况还会有，但是总体说来得适应这种供大于求的情况下需求对供给的竞争，以及同行内供大于求的情况。那房子怎么还卖得出去？他的品质比你好，功能比你强，环保性、宜居性、舒适性、满足各方面需求的能力比你强，使得他的技术进步、成本降低、资源节约、环境友好。满足市场需求方面有越来越多的压力和改进，竞争才能激发进化。

**房地产新常态之四：私人资产累积取代社会资本积累**

我们现在最大的改革是让老百姓拥有资产，就是私人资产的累积取代社会资本的积累。什么意思呢？工业化初中期，我们的社会发展靠通过银行、股市、政府发债，这都是大家所熟悉的，集中起资源来发展汽车业、修地铁、建城市，这叫社会资本积累。到了工业化中后期，就是我们现在正在步入的这个阶段，这时社会富裕体现在哪呢？不是你有能力修多少万公里的高铁、建多少钢铁厂，而是越来越多的老百姓的私人财富积累成为社会财富增加的主要标志。私人财富积累又表现在哪呢？越来越多的老百姓拥有产权房，有房有地，成为有产一族，在他们的收入中又具备了私人资产累积能力，在他们的财富总和中拥有了可以传给后代的不动产，这是新常态。而且这个社会富裕的主要标志不是钢铁生产能力增长、高速公路增长，这不重要了，这种指标已经不能直接表明社会富裕了、发展了，而是是否有比去年更多的老百姓买了房，老百姓积累的是否越来越多。私人账户中在吃穿用之后，还拥有存量资产的老百姓有多少？他们的资产存量标志增加还是减少了？私人财产的积累代替社会资本的积累，这就是新常态。

### 房地产支柱地位不可撼动

有很多人支持房地产的支柱产业地位，都说它带动了上下游很多产业。但这不是最根本的理由，2013 年房地产业发展那么好，它的上游产业却没被带动，玻璃、水泥、钢铁等亏得一塌糊涂。我看房地产业在未来 10~20 年还将是我们国民经济的支柱产业，理由如下。

第一，房地产业所提供的产品是城镇化所必需的物质基础，因此房地产业发展的规模、速度和质量直接决定着中国城镇化进程的规模、速度和质量，这个物质基础扩张得快、质量好，我们国民经济未来发展的效率就高、速度就快、规模就大、质量就好。

第二，我们已经进入到一个全面过剩的时代，今后需求增长是我们国民经济长期稳定、可持续发展的关键。需求增长不是靠每年比上一年更多地买皮鞋、男性比过去更多地抽烟喝酒就能实现的，它需要消费结构的升级。人们在衣食饱暖之后，自然而然地需求就主要指向住和行，买房、买车就成了新需求，这是很正常的需求结构升级。居住条件改善和更多的农村人口向城市聚集，这两条决定了满足住房需求是今后长期实现扩大内需的关键。

第三，增加收入和私人财富的累积并重成为社会利益的主要诉求。老百姓想要什么？多挣钱！对吗？也对、也不对。在20世纪八九十年代，社会利益的主要诉求是增加收入，当时允许一部分人先富起来，人们的积极性调动了，收入增加了。但是接下来，人们不仅要求多挣钱、增加收入，还要求私人财富累积。为什么10年、20年、30年前人们的居住条件比现在差很多，两代人住一间屋，大龄异性兄弟姐妹住一间屋，弄一个布帘隔开，因为那时候房地产不是全社会的关注焦点。为什么现在条件改善了却成为了关注焦点呢？因为人们除了要改善居住条件之外，增加收入和私人财富的累积并重成为社会利益的主要诉求。有两个人收入差不多，2005年他买房借银行的钱我还笑话他，说你什么时候还完欠银行的债啊？结果现在他的房子升值了好几倍，我傻眼了！人们要求的不仅是涨工资，全面小康区别于温饱小康，就在于有能传给后代的资产，用老百姓的话说就是有家底，这个社会利益的主要诉求决定了为老百姓提供物质财富的房地产业必然是支柱产业、人们关注的焦点。

第四，中共十八届三中全会核心讲深化市场经济体制改革是我们今后持续稳定发展、老百姓生活富裕、实现中国梦的关键。往哪改？往市场经济改。哪里的市场经济是短板？土地和资金。经济学上有三种基本的要素：人、资本、土地。而我们现在最大的市场经济短板便是土地的市场化和资金的市场化还远远没有走进市场经济，房地产业恰好是对这两种要素依赖程度最大的产业。因此房地产业的发展势必倒逼我们改革的深化和发展。

# 房地产市场进入新常态

史晋川
浙江大学经济学院院长

对于房地产拐点有各种各样不同的看法，我个人认为随着中国经济向新常态过渡，房地产市场也会进入到一种新常态，在我看来这种新常态的主要内容有两点。第一，它会逐步地恢复最基本的功能，即满足居民的居住需求。第二，政府也会越来越多地运用市场本身的供求机制来调节市场，同时进一步地减少政府对市场的管制和干预。

1980年12月，浙江的温州颁发了中国第一张“个体工商户营业执照”。从最初风靡全国的“个体户”，到后来的珠三角、长三角现象，民营经济已是蔚为大观，牢牢占据中国经济的半壁江山。尽管民营经济已经形成规模，但是它依然面临着一系列的问题。2014年1月，一份由民间调查机构出具的调查结果显示，融资难、人工成本上升和行业内无序竞争已经成为当前民营企业面临的三大困境。调查中有超过六成的受访企业家认为“政府应该为企业发展困境负主要责任”。

## 民营企业的经营环境长期无实质改善

目前，民营经济的发展有很多的问题和困难，我个人觉得有外部的原因，也有政策方面的原因，同时也有民营企业自身的原因。比方说我们民营企业的发展，特别是沿海地区民营企业的发展在最近的十几年当中，对国际市场的依赖非常之大。在金融危机爆发之后，整个世界经济是在震荡中缓慢复苏，所以整个国际市场相对来说呈现出一种需求并不是很旺盛的状态，我想这可能是我们沿海地区民营经济发展非常重要的一个外部制约条件。

从内部来讲，还有很多体制和制度性的障碍，阻碍了我们民营企业的发展。比方说民营企业的发展要转型升级，有的企业要不断地向自己产业的上游走。包括像浙江省这么一个民间资本非常丰富的省份，光温州一个地区可能就有接近一万亿的民间资本，但是它要从制造业转到服务业以及金融领域等，却受到体制和制度的重重制约。可以说，我们的民营企业要进入一些资源性的行业会碰到非常大的问题。所以，民营企业的发展遇到的第二个困难是什么呢？就是民营企业要产业转型升级但是碰到了很多体制和制度性的障碍，政府在很多行业都有过于严厉的准入机制使得它进不去。

最后一个问题是，这些民营企业家是在差不多的年代、差不多的学历背景中成长起来的，并且在差不多的行业中创业，所以过了三十几年，第一代人是这么做，第二代人也是这么做，这样的话可能相对来说在传统的制造业发展当中，民营企业自身形成了一个比较封闭的产业和市场的网络，也就是自己把自己局限住了。比如浙江的民营企业在某些程度上就陷入了所谓代际锁定。举一个具体的例子，2010 年温州的眼镜大王胡福林“跑路”了，其实他已经在做产业转型升级，他的企业原来生产眼镜，后来去投资了光伏产业，但是他在转型过程中的融资方式很大程度上还是间接融资，还是时不时地去借助于民间资本市场的融资，这样的传统融资方式实际上为他后来转型的失败埋下了伏笔。

所以我原先一直建议浙江的民营企业家，在转型升级进入一个新的产业、新的行业的时候，要考虑好两个方面。第一，企业组织形式要从传统的家族式变成现代公司，要构建起现代公司的治理机构；第二，融资方式要从传统的间接融资变成直接融资、股权融资等。另外，还要顺应时代做相应的转变，应该引进职业经理人等更懂行的专业人士作为决策者之一。

从外部的经营环境、政策环境这一点来看，我个人觉得应该以一个阶段来看，而不是以一个时间点来看。如果我们以一个阶段来看，从2008年金融危机爆发到2014年差不多有6年了，在我看来，这6年的前期民营企业的发展环境相对来说确实是有点越来越不好，因为一方面整个经济受到周期性的影响，另一个方面在这个阶段很多领域确实出现了所谓国进民退这样的现象。但是近几年，政府有在努力地改变这种对民营经济发展不利的环境。所以近几年从政策和政策环境的角度来说，中央政府包括各级地方政府在主观上已经出台了很多政策去努力改善这个环境。这个环境到目前为止有所改善，但是并没有实质性改善。虽然在朝这个改善的方向走，而且从国家的战略政策的角度来说也是朝这个方向走，但是至少到目前为止还没有实质性改善。

**厘清政府和市场的职能，给民营经济一个宽容的环境**

我觉得要真正地改善民企经营环境，从最根本的角度来说还是要按照中共十八届三中全会所讲的，就是把政府和市场的职能界定清楚。对于政府来说要制定出清晰的权力清单，对于政府和企业的关系则要清晰地建立起负面清单，让政府是法无授权不可为，让企业是法无禁止即可为。我个人觉得现在是在往这个方向走，但还有一定的路要走，这不是那么容易的。

之前说到国际环境越来越差，企业的经营成本也越来越高，这种情况下，政府的确多次颁布减税政策，可一方面政府在减税，另一方面企业却反映税收越来越重。我个人觉得这几年来，政府在给企业特别是中小企业减税，包括减掉各种各样的行政税费负担方面，确实做出了很大的努力，从绝对值来讲，税负应该是下降的。但还有企业说税负越来越重，我个人觉得可能是两个方面的原因。第一个原因是，从企业的税费和收入来看，这几年来两者之间的比例关系没有明显下降，甚至可能还升高了一些。因为这几年企业的收入特别是它的利润下降得比较快，成本在上升，从这个角度来说，税费是减下来了，但企业经营效益可能下降得更快或者成本上升得更快，所以企业觉得税收税负没有减少，甚至更重。第二个原因，我想也不排除有一部分地区的地方政府，实际上并没有很好地贯彻中央的减负政策，在这种情况下，就加剧了刚才我讲的这个比例问题。

要真的把税减下去，必须有强硬的制度保证地方政府去执行中央政府下达的命令。我们现在讲权力清单，往往比较侧重政府和市场、企业之间的关系，以后中央政府和地方政府之间也有类似于这样的权力边界、权力清单，在这样的大框架下，中央政府和地方政府之间的权力边界界定清楚之后，可能就可以避免推出一刀切的政策，让地方政府有更多的自主权。这其中的关键是要梳理清地方和中央的权力关系，结构上不是绝对值的大和小的问题，而是中央政府和地方政府在财权、事权等结构上更加合理的税收体制。

## 目前中国的税制加剧了经济的不稳定

目前中国的财政处境其实在推动政府加强税收征管。在现代的市场经济国家，税收是一种调剂。人性化的税收政策，收入越高盈利水平越高，征的税越多。这种冷静的税收政策，属于自动稳定器：当经济发展很快、发展得很好的时候，企业的盈利水平在提升，居民的收入水平在提升，这些企业和居民就会自动地进入到税率比较高的那个税收档次，就会多缴税，这样就可以抑制经济的过快发展或者说过热；当经济比较萧条的时候，企业的盈利水平在下降、利润在减少，居民的收入水平在下降，就自动地进入到税率比较低的档次，这类似于在减税，可以刺激居民和企业进行更多的投资和消费。所以在现代的市场经济国家中，冷静的税收政策能够对经济起到调节作用，它是经济的自动稳定器。

而中国目前的中央与地方分税制的税收体制，是一种目标制，就是每年都规划要完成多少税收。目标制的征税方式会导致什么问题呢？当经济发展得非常快、增长势头很好的时候，企业的盈利增加了，居民的收入也提高了，中央特别是地方的税收部门会认为税收肯定要超出目标了，就先搁一点在那儿，明年情况如果不好的话再来征，以至于在经济好的时候它反而免税降税；而当经济不好的时候，发现税收完不成了，就开始强化征税。所以中国目前的这种税收制度和征税方式加剧了经济的不稳定：好的时候这个税收制度、征收方式是锦上添花，或者说是对过热的经济火上浇油；而在差的时候，就是釜底抽薪，或者说是雪上加霜。这样的税收政策不是逆周期而是顺周期的，反而加大了经济波动的不稳定。所以，整个税收制度要改。

**政策的持续性成为未来经济的最大风险**

中国国家统计局公布，2014 年一季度、二季度中国经济分别增长 7.4% 和 7.5%，低于上年第三、四季度 7.8%、7.7% 的增长速度。为此，有些人对中国经济的发展趋势产生疑虑。据统计，中国自改革开放三十多年来，GDP 增速仅有三次连续两年低于 8%，且每次均能顺利回到高速增长的轨道上。而此次却被认为“恐怕是回不去了”。我认为，看 2014 年这个时间点，不能孤立起来看，我们应该把它放到一个时期中去看：2008 年金融危机爆发之后，2009 年一季度，中国的 GDP 增速是 6.1%，到了 2010 年一季度，中国的 GDP 增速迅速地恢复到了 12.1%，从 2010 年一季度的 12.1% 到 2013 年的 7.7%，也就是说这四年当中我们的 GDP 增速下降了 4.4

个百分点，平均每年下降 1.1 个百分点。2014 年一季度是 7.2%，二季度是 7.4%，从这样的过程来看，2014 年一季度比 2013 年下降了 0.5%，到了二季度变成 7.4%，又上升了 0.2%。我个人认为以这个时期来看，中国的经济转型发展从要素的驱动模式向创新的驱动模式过渡，在这个过程中，从 2008 年金融危机爆发持续到 2013 年年底的中国经济加速下行的阶段，可能基本上过去了。现在是处在底部的运行阶段，可能会在 7.2% 左右做波动运行，这个波动运行在我个人看来可能至少还要两三年。这取决于我们整个经济在转型的过程中新的增长动力出来的时间，以及出来的强度和可持续性。如果说三年之后，我们的经济达到了新的增长动力和传统动力消减的平衡点，可能经济增速就可以稳定在 7.5% 左右或者说相对比较高的速度，比如 7.5% ~ 8%，之后继续增长。所以，从 2014 年一季度、二季度的数据来看，我认为中国经济在向新常态过渡的过程中，其加速下行的区间可能已经过去了。

在这一个震荡过程中，释放经济的增长动力，让它顺利地过渡到新常态需要体制和机制的改革，只有通过全面深化改革才能够在宏观、中观和微观层面上打造出一个更好的使中国经济更快地进入新常态的制度环境。在中国经济进入新常态的转型过程当中，我个人认为大的风险是，我们不能把现在的以改善有效供给为重心的政策坚持下去。因为受到过多的经济下行的压力，我们的政策又走回到了以调节总需求、刺激有效需求为重心的轨道，这样的政策在中国目前和未来的经济发展过程当中已经没有太大的空间。我个人认为新一届政府把政策重心放到改善有效供给上是非常对的。但是我担心由于政策重点在改善有效供给上，而改善有效供给的见效相对来说比较慢，刺激有效需求的政策见效比较快，所以在这个过程当中可能会有阵痛。在这个阵痛过程中，一旦我们坚守不住现在新的政策重心，政策上再做比较大的变化的话，这对中国经济短期增长可能会看起来好一点，但是对未来来说是一件非常不利的事情。

要平衡改革的阵痛以及经济增速下滑，我们的财政政策要扩大有效投资，它能比较好地平衡经济增长，平衡短期的下行压力和未来的增长。因为投资有两重性：虽然投资对近期来说是一个需求，但是投资一旦形成能力之后，对未来来说是一个供给。我们强调的是有效投资，即这个投资下去形成的生产能力是有效率的，而且这种有效的生产能力生产出来的产品在市场上是卖得出去的，对企业来说是有效益的，这是从供给方面看。从需求方面看，有效益的投资就是所谓有效投资，有效投资既可能短期内拉动一些总需求，同时从长期来看又可以起到改善总供给的作用，所以我个人觉得对投资总量的把握，特别是结构的把握，对于平衡目前的经济增长下行压力和未来更加顺利健康地成长或者经济的转型是比较好的。

## 房地产市场进入新常态 放开限购影响不大

2014年上半年，房地产市场处于回落的态势，为了一定程度上缓解市场压力，近期30个城市已经取消了限购，包括杭州也取消了限购，大家都说房价的拐点要来了。对于房地产拐点有各种各样不同的看法，我个人认为随着中国经济向新常态过渡，房地产市场也会进入到一种新常态，在我看来这种新常态的主要内容有两点。第一，它会从原本投资功能很强、投机性很强的市场，逐步地恢复最基本的功能，即满足居民的居住需求，这是一个趋势。第二，目前很多地方政府开始取消限购，我觉得随着房地产市场进入新常态，政府也会越来越多地运用市场本身的供求机制来调节市场，同时进一步地减少政府对市场的管制和干预。所以我个人觉得从市场本身来说，它是不是进入了一个供需或者价格的大拐点，这很难判断，但是我个人觉得目前这个时机是房地产市场向新常态过渡的一个比较重要的节点。

在限购取消之后房地产市场会怎样？我个人认为，第一，虽然限购取消了，但限贷还没取消。只取消限购不取消限贷，这样取消限购的作用相对来说就会打折。第二，如果市场在向满足居民居住的基本功能回归的话，也就是说市场慢慢地变成了广大老百姓为满足自身需求而购买的房地产市场，而原先则是靠少数人以投资和投机为目的用钱砸出来的市场，在这两种情况下取消限购的作用是不一样的。如果市场还是靠少数人用钱砸出来的做投资和投机的市场，限购的取消对市场的需求拉动功能会大一些，但如果说它在向基本的居住市场过渡的话，即使取消限购，它对房地产市场所带来的作用或者说影响，可能没有我们原来想象的那么大。

第三章

# 户籍改革离我们还有多远

## 户籍改革首先要把身份的壁垒打破

周其仁
北京大学国家发展研究院教授

城镇化最大的好处就是收入增长的机会多了，人往高处走，否则就没有城镇化这回事了。城镇化本身就是农民在争取他的劳力资源怎么能有较高收益的一个结果，这是农民从城镇化中得到的最大好处。同时，这个过程当中，所有其他资源都要重新配置。

## 一切土地改革都要有法可依规范动作

我们最近讨论的主要是跟城镇化有关的背景。所谓城镇化就是劳动力已经开始流动，进入市场了，哪里收入高，人往哪走，把过去农民封在农村的城乡这道门打开了。这一打开就会带来一系列其他的资源配置问题。因为几亿人一动，要进城，首要问题就是他住哪儿？我们的城市并没有准备好给几亿农民工住的地方。这些年发展了大量的商品房，但是商品房的价格摆在这里，也不是我们绝大多数农民工能够承受得起的，农民工进城住在哪里呢？

从调查中看，大部分的农民工住到城郊农民的房子里去了。那就带来一个法律问题，城郊农民的房子，能不能出租或者转让、出让给非本地农民来住呢？按照过去的法律法规政策，是不允许的。因为城郊农民的房子是集体分给你，解决居住问题的，只能自用，不能用于租赁，也不能用于买卖。在过去不流动的情况下，这种安排有它的道理，但是一流动以后，这就受到了冲击，所以这个问题就提上日程了——要不要在某些条件下承认这部分土地的流转，让它为我们的法律所承认、所容纳、所保护。

1987 年，深圳率先拍卖起了土地使用权，之后 1988 年的宪法修正案承认了这件事情。在 1988 年的宪法修正案里是这样说的，土地使用权可以依照法律的规定转让，它可没有说只有国有土地可以；那年年底的《土地管理法》也写明，国有土地的使用权和集体土地的使用权都可以转让，但是它加了一条，要有具体办法，这个办法由国务院制定，两年以后国务院制定出《城镇国有土地使用权出让和转让暂行条例》，而针对集体土地到今天为止都没有出台全国性的法律法规。

我认为集体土地流转有一个宪法依据。我们的法律规定国家有征地权，但是有一个重要的前提——为了公共利益的需要。现在，大量商业用地需要依据的是《城镇国有土地使用权出让和转让暂行条例》，这是说不通的，应该区分开，不是公共利益需要的用地，国有土地能入市也要让集体土地能入市，当然都要服从规划，都要服从土地用途的管制，国有土地要服从，集体土地也要服从，一起服从于这些约束，形成一个城乡统一的建设用地市场，这才是解决问题的办法。目前就是在往这个方向走，中共十八届三中全会的决定，讲的就是这个意思，要往这个方向去推进。

前一段时间国土资源部出台了一个文件，将征地制度改革、农村经营性集体建设用地入市和宅基地改革，这三个领域作为土地管理制度改革的总体方向。现在，两亿农民工中的大部分都住在农民宅基地上的房屋里，这该怎么处理？不定个法律框架，老说人家是非法的，这很难说得通，所以要加快这方面的改革。还有就是宅基地能不能入市，入市有什么条件？看地方上做的，我觉得还是蛮谨慎的，重庆的地票制度就讲得清楚，农民离开土地进了城，站住了脚的同时符合相关标准，在自愿的情况下，就可以把原来的宅基地复垦，复垦以后盖房子的权利从地票市场来发现它的价格。到如今，地票制度诞生已经五六年了，连续也有好多万亩土地的地票指标，这里有大量经验可以去总结。同时，在农村的农民不能说我今天要了一块地盖了房卖掉，还想再要块地，这样的话我们国家这点耕地很快就被折腾光了。转让了地就不可以再来要地，这必须严格得到执行，所以一个事情要有很多细节来配合。

我的态度从来是两条，第一方向要对，不能因为事情太麻烦，方向也含糊了。第二不能因为方向对，就做得马虎一点，那不行的，因为涉及土地和房屋，它们是普通人民基本的权益，是不能马虎的。

## 土地改革的法规要以农民自愿为前提

现在，最关心城镇化的应该是农民，农民能从城镇化中得到什么样的红利？原先你如果不到城市去，很多较高收入的机会跟你无缘。城镇化最大的好处就是收入增长的机会多了，人往高处走，否则就没有城镇化这回事了。城镇化本身就是农民在争取他的劳力资源怎么能有较高收益的一个结果，这是农民从城镇化中得到的最大好处。同时，这个过程当中，所有其他资源都要重新配置。这其中会有很多资源也是农民的资源，比如说城郊地区农民的机会就增加了。如果像过去一样，四川农民根本不能到深圳来、根本不能到上海来、根本不能到北京来，那住在这些城市周围的农民哪有什么机会！现在就有机会了，城郊地区农民把房子租给外来民工住，就能收一些房租，这也是重新配置的一种收益。还有一种收益就是我在成都和重庆看到的，农民走了原来的房子就烂在那里了，有了地票制度，他把房子推倒平一平，复垦成耕地，把盖房子的权利放到市场上去标个价，也变成了一笔收入，有了这笔收入，他进城买社保也行，供子女上学也行，改善他自己的生活也行，甚至可以做一点投资，这也是收益。所以，在城镇化的整个过程当中，不光是房地产商可以分一杯羹，所有参与方都会在其中分得一定的利益。

这里有一个问题就是农民变成市民，有可能出现既失地又失业的情况。所以，非常重要的是，像涉及宅基地的问题，在法律法规的相应规定上，一定要遵循自愿原则。农民如果不愿意，觉得自己哪天还会回来，那就别流转。要弄清楚一条，允许流转不等于必须流转。我们这个社会，很多政策安排有强制性的偏好。要不就是不流转，一流转就变成强制性流转，当然这是开玩笑，城镇居民的房子是可以卖的，但是不等于天天在那儿卖，卖了住哪儿去？我没处住就得不卖，不卖也是流转权的一个组成部分。

社会政策设计的时候，不要搞混了，有人不同意卖，我们是不是就禁止所有人卖？不想再回来的农民他也是农民，他的权益也应该得到尊重，我们现在有点搞不清楚的地方是什么？就是怕有的农民想回来却没房子了。可是保护了他一个，是不是损害了好多其他人呢？怎么能够加到一起算保护量最大、损害量最小呢？这个要讨论清楚，谁不愿意，谁说你看我都这把岁数了，我就到城里打把工、赚点钱，将来还回老家来，这样的农民如果没有强制力量，他是不会轻而易举把宅基地、房子转手的。他跟你我一样，都要前后左右思量的，由于是他自己的事儿，他考虑得比我们仔细，我们要尊重他的权利。要防止土地流转变成一个运动，变成一个潮流，变成一个谁都必须干的事儿，这是坚决要制止的。

这并不等于说允许农地、农房入市这个政策错了，而是执行这个政策要以农民自愿为基础；而且在这个过程当中要发动舆论监督，要有司法来受理，保证这个过程的公正性。这个问题要分开来讨论，可以讲得清清楚楚。

### 城乡二元制时代的终结

户籍制度这个身份限制把人框在地缘、血缘关系里，这是非常不公正的。凭什么给人划成农村户口，你去看看现在农民的收入，大部分收入并不来自农业，却非管人家叫农民，全世界都没有这个道理。职业是一种分工，他种地才是农民，如今他已经天天在“中国制造”造机器，你还要管人家叫农民，然后说城里的事儿跟你没关，这怎么行呢？法制就是法律面前一律平等，户籍制度早该改了，拖来拖去，这次下决心改，我觉得是好事情，这对农民是伟大的解放。

之前其实也有很多机会提到农民的身份问题，可一直拖到2014年的户籍改革，阻力很多啊。一个是观念，还有一些实际问题，最重要的是实际问题是不是就没有办法解决？我们有的时候就是太强调实际问题了，然后就可以不动了，这属于改革不作为，是施政当中要防止的倾向，其实是可以解决的。

城镇户口有一套福利，这是过去的体制所形成的，这些年来我们进行城乡统一，采取了很多改革，包括公共服务均等化。过去，农村的事儿政府确实是不太上心，现在左一项右一项管的也不少了，从义务教育、新农合、养老到低收入人群，只不过农村的整个保障水平还是低一点，低一点是不是就意味着身份上永远越不过那道门槛呢？我在成都看到的改革倒颇受启发，虽说保障水平有差别，但没有身份上的鸿沟。具体讲是什么意思呢？比如农民的房、土地如果市场化了，有了收入，交一点钱就可以把他的社保升一档，就和我们一样了，你再交一点，还可以升一档，这在过去可不行，过去如果是农村的，就升不了，完全看作两个世界，现在把两个世界中间的壁垒打掉了。

当然，马上就提升到同一个福利水平，那还不行，总不能把城镇户口已经达到的较高水平压下去，对不对？可是要把所有人都提到同一水平，财政上也做不到。比较好的办法是先把城乡之间的死门槛干掉，然后划分不同的保障等级，有条件了加一点，再顶上来一块，由时间把它趋平。这其中中央财政、地方财政、社会的企业承担一部分责任，家庭自己缴一部分，一起来抬，只能这样。承认差距，缩小差距，但是不要把差距变成一个身份上的门槛。现在还有很多地方的农民有钱也交不进去，为什么？因为农民只能入农村社保。我觉得就是要打通，变成比如15级、14级、13级、12级，变成可以上升的层级。有很多研究改革的保障问题的专家，他们提出了很多很好的意见，也有很多地方进行了尝试。

至于中央财政在这方面怎么能够更加可为一点，承担起对整个国民的普遍的义务呢？比如说义务教育，为什么一定说是某某地方政府给的念书的钱呢？既然义务教育是全国性法律规定的，中华人民共和国的公民应该享受的权利，那么无论到哪里念书都应该是财政给钱。中央财政和地方财政之间把这个账算好了，这样可以增加流动性，也增加国民认同感，让人真正感到是国家让我们在这个阶段念上书的。可我们现在弄成了，我是某个县的，离开那个县就寸步难行了，就啥也没有了，这太窄了！当然想要一步达成那也做不到，可以某些地方先打通，我最近听说上海在搞跨省打通，就是当地可以享受的，在上海也可以，在我看来这是在往正确的方向走。

户籍制度本身最大的问题就是户籍跟所享受的福利捆在一起。要逐步地揭开，首先要把身份的壁垒去掉，没有什么城市户口、农村户口，只有甲地户口、乙地户口。你在哪里住着就注册一个户口、登记一个户口，这是现代文明的一个标志，否则就变成一个依附性的、好似只能待在那个圈圈里的人了。这可以理解为，一个福利制度的固化。用身份去给国民划成三六九等，是非常不好的。它会抑制人的努力，而真正的经济发展要靠人的努力。如果对一部分国民说你怎么努力也没有用，这等于把我们最重要的资源的动员能力削弱了，很多人就会说我再努力也没有用，反正我世世代代就是农民。所以，户籍改革决不是一个纯粹的经济资源利用效率范畴内的改革，它有着更加广泛而深刻的意义。

除了农民，在特大城市的人群，比如像北漂或者在上海的外地人，也非常关注户籍改革。现在确实有这个问题，就是大家都想去的地方，其所承载问题的压力比较大。而由于各种原因，大家都愿意去，不光农民愿意去，毕业的大学生也愿意去，这样就形成了很大的紧张。现在特大城市的市长们，面临着很多像水、垃圾、供暖等实际问题，实际问题都是真实存在的，就算说了解决不了也没有用。我的观点是，我们还是要好好探索特大城市怎么能够管理得更合理一点，增加它的吸纳量和承载量，这方面应该说还有余地。承载负荷高是事实，但是我们管理高密度的经济社会的能力不强也是实情，两面都要着力，让不平衡能够缓和一点。

关于理想的户籍制度改革，我觉得还是要先看现实的户籍制度改革是怎么样的。我的看法是方向要非常明确，中国已经是世界第二大经济体，人均所得水平还比较低，但是会逐步提高起来，在这个时间点上，一定要把方向看清楚。不能再允许单以发展目标来决定，不能用身份把中华人民共和国的公民划分成几等，这要达成高度一致的认识。所以，户籍制度是非改不可的。

改的步骤要有高度的经验性，要有渐进性，包括跟户籍绑在一起的利益格局到底哪些地方来承担、哪些中央来承担、哪些中央和地方共同承担，承担以后怎么能够让支付有效，这得有个探索过程。在废除身份划分的过程中，可以允许在一个时期内保留差别，但是要逐步地收敛。同时许诺也不要太高，一步做不到的事情答应了，以为明天马上就可以做到，一旦完成不了大家反而更失望，这也不好。目标要非常明确，但是得承认，我们这么大一个国家，多少年来在这个事情上不敢碰、不敢动，是不可能一天把它做成的。2014年的这次改革方案基本上规划到了2020年，我觉得全国大体上除了几个特大城市，这个部署要是能够落实就很了不起了，对多数城乡居民，特别是年轻一代的，这是非常重要的。因为你不能够让历史形成的阴影，笼罩了一代人再笼罩一代人，笼罩在这个阴影底下会让人的主动性、创造性和努力受到损害。我们绝不能让人们觉得努力是没有用的，中国人多，在妨碍人们发挥努力的这个问题上，是不能开玩笑的，一定要尽最大可能让人民受益。

### 要避免行政性挂钩造成的危险

现在，很多地方在进行土地增减挂钩，在这个过程中很容易出现农民“被上楼”的状况。土地增减挂钩是2004年国务院转发的一个文件所承认的政策。据我了解其背景是各个地方都要求扩大土地指标，而中央要保护十八亿亩耕地，国土资源部夹在中间就憋出这么个东西来。农村不是有很多建设用地吗？老跟我要城镇建设用地，哪个地方让农村建设用地收缩，我就扩大其城镇建设用地。在我看来，这是事出有因的，我们的改革里有很多矛盾，其中一个矛盾就是土地指标永远不够。我征来地就可以卖，就是钱，所以都要指标；但指标又必须控制，不控制你把地都占了，怎么交代？夹在当中于是憋出这么一个土地增减挂钩。

但是这个政策的设计，一开始就很模糊。谁跟谁挂钩？谁来挂钩？主体是谁？它等于是拿一个地方作为一个单位，说你们有农村建设用地，也有城镇建设用地，只要农村建设用地缩小城镇建设用地就扩大。问题是农村建设用地是有主人的，主人什么意见呢？所以在土地增减挂钩落实的时候，它是由政府主导的、高度行政配置的，很容易发生农民“被上楼”的事。于是一实施，底下就有抵抗，农民、基层不干。一抵抗，就憋出另外一条路线来，要挂钩，你得听听我们的意见。为什么一定得是行政性挂钩，为什么不能交给市场定价？在经验当中我们发现，确实也有从行政性挂钩转化为市场挂钩的动向，比如重庆的地票制度，比如成都灾后重建中的案例，所以其实存在着把行政主导的挂钩转化为市场挂钩的可能性，对后者我们是肯定的。

政府要进行市场性的土地增减挂钩，最重要的一个环节是要把确权作为挂钩的前提。不确权的流转是非常危险的，很容易变成行政权力的囊中之物，这是我们对成都经验最重要的一个总结。确权是基础，没有这个基础别去谈什么流转，谁流转谁呀？但是也要防止另外一个倾向，因为搞市场挂钩，农民也“上楼”了，住的地方集中了一点、小了一点、高了一点，其实这个倾向本身我不认为是错的，中国那么缺土地资源，农民的确可以“上楼”，我们国家耕地太少了、平地太少了，农民为什么不能“上楼”？

我们发表的关于成都经验的报告，其标题就是“还权赋能”，你先要把权还给老百姓，这是农民的地、农民的房，土地增减挂钩带来资源的节约、效率的提高，让当事人能得到好处，他会干的，而且可以干得很漂亮，这是我们所看到的。但是不要行政性挂钩，干部戴个柳条帽去跟人家又拆又打，把人家轰“上楼”，也不管人家新的生活怎么组织，这样农民会有意见，媒体批评也是完全应该的。我认为，在这个问题上的确要做一点区分，不做区分，眉毛胡子一把抓，很容易不是碰了这里就是碰了那里。

对于中国城乡的发展，我这个人是一个经验主义者，就是有了问题，先看看有没有解决的做法，基于这些做法然后来做讨论，我基本都在做这个工作，《城乡中国》的下半部很大程度就在讨论这些东西，就是有很多矛盾，形成了这么一个半拉子工程，这个半拉子工程如果进一步往前改，可能性有没有，会遇到哪些问题。我觉得我们在地方性的实验当中还是看到了很多正面的东西、有希望的东西，如果能够把这些经验很好地梳理、总结、细化、完善，我们是有机会再向前推进的。

# 户籍改革可带动投资增长

哈继铭
高盛集团投资管理部中国区副主席

户籍制度改革对经济长期增长会产生深远的影响。原先虽然居住在城里，但是没有城镇户口的那部分群体，他们会真正实现城镇化，他们的消费行为会变得和城里人没什么两样，他们也不需要把每一分赚来的钱都积攒下来寄回老家盖房子，而是可以更大胆地消费，因为他们有了社会保障、医疗保障，他们的孩子可以进入到城市的公立学校去上学，这么一来就带动了消费。

户籍制度改革对经济长期增长会产生深远的影响。经过户籍制度改革之后你可以发现，原先虽然居住在城里，但是没有城镇户口的那部分群体——有时候称他们为被城镇化群体——他们会真正实现城镇化，他们的消费行为会变得和城里人没什么两样，他们也不需要把每一分赚来的钱都积攒下来寄回老家盖房子，而是可以更大胆地消费，因为他们有了社会保障、医疗保障，他们的孩子可以进入到城市的公立学校去上学，这么一来就带动了消费。与此同时，城市的公共设施包括医疗、教育、水、电、气的供应，甚至于交通还需要进一步追加投资，才能满足这些人从被移民，变为真正的移民。这就也带动了投资的增长，这种投资增长是很健康的，因为会消化掉现有的一些过剩产能，实现经济从依靠外需出口转为依靠内需，尤其是消费和必要的投资。

**房地产调控和经济平稳增长之间的矛盾与背离**

目前的房地产政策，我觉得是很有必要调整的。因为现在的房地产调控可能和达到经济平稳增长这一目的之间产生了一些背离、一些矛盾。现在经济增长速度明显下滑，我们本来可以用一些反周期政策，比如说减息，来防止经济大幅下滑，但是又担心一减息的话，房地产价格又会起来。在这两个相背离的矛盾之间，我们只有一个工具就是反周期的政策，但想要以此来达到两个目标，那是不现实的、不可能的。

关键之处在于，我们对房地产的调控要有一个更为科学的框架，我们不应当指望在一个如此庞大的市场中，既满足低收入者的住房需求，也满足中高收入者的住房需求。我们应当用政府的力量，来满足低收入者的住房需求，同时用市场的力量和规则，来满足中高收入者的住房需求，只有这样我们才可以既保持经济增长，同时又防止房地产价格过度反弹。倘若不具备这么一个框架，我们在考虑问题时，就会从另外一个角度出发，把房价尽量打压下去，使得低收入者也能买得起，但这个时候中高收入者不是更买得起嘛，于是就限购了，这就是我们现在看到的结果。如果我们思路转变了，变得更加科学了，可能会是另外一个做法，用保障性住房建设来满足低收入者的住房需求，同时中高收入者的住房需求，完全留给市场去解决，而政府，只需要制定一些规章和必要的制度性建设的税收手段。比如说推出房产税然后加以严格的执行，而不需要用限购的方式来压制需求，所以我觉得将来的政策可能会出现思路上的转变，以及手段上的提高，倒不一定在于是不是放松，如果我们纠缠下去，可能会越来越走进一个死胡同。

我们应该如何看待房产税的扩围呢？房产税应该尽快地扩围，而且在全国推开，我相信房产税的执行，已经不是一个技术问题了，房产税在很多地方都已经空转了很长时间，没有什么太大的技术性问题，只是一个决心问题。

目前的房地产市场有泡沫吗？我觉得泡沫是比较难以定义的，中国的房地产市场，如果用一些常规的指标，物价收入比、房价收入比来计算的话，可能会得出有泡沫的结论，尤其是沿海地区，可如果去测量二三线城市，可能又会得出另外一个结论，没有什么泡沫。同时对于一线城市来说，它们已经是国际大都市，不能用普通城市居民的收入来衡量，因为去买房的是全世界，至少是全国最富有的人，最高收入的人来这里买房的。我觉得要判断一个国家的房地产市场有没有泡沫，实际上都不用看价格因素，价格因素只能提供一个参考，更重要的是它的人口变化情况。中国，是一个 2015 年以前买房人口急剧上升，而 2015 年以后买房人口急剧下降的国家。所以，2015 年以前如果房价大涨的话，那之后很难避免大跌，但是这并不是说，我们没有能力来化解这种风险，今天政府所做的房地产调控，不管是否科学，客观上，它的确抑制了一部分 2015 年以前本来需要大量释放的需求，所以有可能把我们的这个所谓房地产拐点延迟到 2015 年以后。另外，进入 2015 年以后，也不是说中国就没有政策来化解房地产泡沫的风险，我们城镇化的空间还很大，很多被城镇化的居民，如果能真正成为城镇化居民，那我相信房地产市场还有更大的需求，我们的房地产市场还会有持续多年的发展。

房价暴涨的理由是什么？第一个原因是在推出四万亿刺激计划的同时，我们对房地产政策做了一些调整，包括税收减免、利息打折，从而鼓励了炒房的行为。2008 年以前，中国的房地产市场真没多少泡沫，但之后很多地方的房地产价格，差不多都乘了 2 倍，有的甚至乘了 3 倍，可以说一个过于宽松的政策环境，助长了 2009 年、2010 年房地产泡沫的滋生。第二个原因跟我们的人口结构有关。在 2015 年前的二三十年，处于青年和中年的这个群体的人数是中国整个人口年龄段中占比最高的一个群体，因为我们 20 世纪五六十年代中国的出生率非常高，到了近些年，这一波婴儿潮就成为了购房主力，随着他们购房需求的大量释放，极大地推动了房地产价格上涨。再加之一些中高收入者，他们预见到了房地产市场的这一波走势，于是入市买房，等待着房价上涨，这种可以称为投机或者投资的行为也助推了房价的上涨，但是等这波人退休之后，他们的孩子们，将会成为买房的主力军，但这一代的数量只有他们父母辈的一半，所以将来的需求会下降。

### 买房不如买地产债

板块上面来说，长期我们一直是比较看好中国的消费，那么这个电讯方面，这个保险，中高档消费品，医疗保健这些长期都有投资价值的领域。那么短期来看，房地产会不会是一个股票投资的一个方向？房地产的股票上升可能是需要房地产企业的利润上升来作为支持的。那么现在有很多房地产开发商也是在降价以促销，那么销量是在上升，但是房地产企业的利润增长未必尽人如意，所以在这个情况下，我更加主张买房地产企业的债券，而不是股票。因为交易量上升，是盘活它的资金流，它破产的风险，倒闭的风险在减小。尽管它的利润增长还是比较微弱的，我过去曾经说过，包括在2012年7月份在三亚房地产论坛上我也讲过，买房不如买房地产股和债券，之后我们也看到房地产股确实是涨了一大波，但是到了今天，我可能说买房地产股，不如买房地产债。

目前人民币国际化的条件时机早就成熟了，而且现在看来，我们已经在人民币国际化的道路上，迈出了几个重要的步子，我们人民币国际化最终要实现的就是让人民币成为一个储备货币，在此之前，可能第一步要使它先成为一个结算货币，然后是投资货币，最后是储备货币，我们人民币现在作为一个结算货币，在国际舞台上，它的排名在飞速地上升，从两年前排名三十多，现在已经到了排名十几，已经成为最主要的几个货币之一，但是我们在投资货币和储备货币方面，还有待进一步的提高，那么这里面需要做的事情很多，关键是你要有那么多的投资产品让境外人民币持有者购买。你有了这些产品之外，还要对他们开放，允许他们来买。那么在这方面我们看到中国现在还是有进一步发挥的空间。因为首先这样的产品还是不够多，我们的债券市场还不够丰富，第二我们资本账户还没有开放，不能够允许境外投资者随便到境内来买我们的投资品。第三就是说，要让它成为一个储备货币，最后一步的话我们要把产品持有者进一步地做大，使得境外投资者拿了你的货币，作为储备货币之后，他觉得既安全，又有很高的流动性，同时还能得到一部分的投资收益。

## 户改应实现人与财产的自由流动

秦晖
清华大学历史系教授、博士生导师

户籍制度改革仅仅把暂住证变成居住证，把农业户口与非农业户口的户籍类别取消，其实已经没有多大意义，关键在于，原来的户籍制度背后的权利和资产是不是有本质上的变化。简言之，就是产权能不能自由交易，人能不能自由流动，所谓自由流动，当然不是说自由打工而已，也要包括自由定居，要看这两者中会不会有实质性的突破。

## 农民已开始捍卫农业户口

2014年7月，国务院印发了《关于进一步推进户籍制度改革的意见》，决定“建立城乡统一的户口登记制度”，取消农业户口与非农业户口的性质区分，以及由此所衍生出来的蓝印户口等户口类型，“统一登记为居民户口”。

但我觉得户籍制度的改革本身就是一个社会转型的问题，它不单是只把户籍名称换一下，废除农业户口和非农业户口两者所谓分类上的差别而已。20世纪90年代，我们就已经提出要废除农业户口和非农业户口的区别，只区分本地人口和流动人口，实际上这些年来已经不太讲农村户口和非农业户口的区别。如果进城的农民现在受到歧视，主要的原因也不是因为所谓农业户口和非农业户口之分，其实无非就是第一他是外地人，第二他是穷人。

我们现在对人的歧视已经越来越变成对外地人、穷人的歧视，如果户籍制度改革不和这一点结合起来，我觉得就没有多大的意义。在最近十多年的房地产开发中已经出现了一个现象，即很多地方强制废除农民的农业户口，把他们变成城镇居民，然后把他们的土地给收走。按照现有的土地管理法，农用地归农民集体所有，而非农用地归国家所有，似乎就是说农民一旦改变了身份，就不能再持有土地了，所以现在很多地方都已经出现农民捍卫农业户口的现象，尤其在城郊那些即将改变用途的土地上，农民捍卫农业户口已经成了相当普遍的现象。所谓捍卫农业户口，其实就是捍卫自己的土地，这和我们现在的土地制度不合理有很大的关系，而且我觉得户籍制度改革很容易走向反面。

所以户籍制度改革仅仅把暂住证变成居住证，把农业户口与非农业户口的户籍类别取消，其实已经没有多大意义，关键在于，原来的户籍制度背后的权利和资产是不是有本质上的变化。简言之，就是产权能不能自由交易，人能不能自由流动，所谓自由流动，当然不是说自由打工而已，也要包括自由定居，要看这两者中会不会有实质性的突破。从现在官方文本上的户籍制度中，似乎还看不出什么明显的答案。

## 产权交易自由并不会导致土地集中

我觉得关键是要给农民以更多的产权交易自由。现在有一个非常大的误解，认为从历朝历代来看，当农民拥有产权交易自由的时候，就会出现土地开始集中的现象。自改革以来，已经有很多人做过这方面的研究。中国以前的土地，其实没我们说的那么集中，就是集中，主要原因也是政治性的，世界上没有一个国家是老百姓通过自由买卖产生大地主和大量无地农民的。

最近这三四年有很多人开始反击这种说法，也搞了一些数据，力图证明中国传统时代土地还是比较集中的，虽然没有过去很多人讲的那么集中，比如有人说旧社会中 5% 的地主占有 70% 的土地，这种话现在已经没人讲了，但是很多人也说，没有你秦晖讲的那么分散，还是比较集中的。根据我们现在的一些研究，大致可以讲，在传统时代土地分配的基尼系数，就全国而言，绝大多数地区不会超过 0.5。有些地区超过，都是因为有特殊的政治背景，比如东北、台湾、西南地区的四川，这些地方的土地是比较集中，但是这些地方的土地集中都不是自由买卖造成的。刘文彩为什么能够拥有那么多土地？他凭借的是他哥和他自己的权势，他本来就是个大官僚，而且他的崛起，完全就是靠官僚和政治权势，而不是靠收了地租，再用地租去买地，不是靠这样积累起来的。讲简单一点，中国传统时代的地主有平民的，典型的文学代表就是周扒皮，也有特权的，典型的文学代表就是刘文彩。但周扒皮是做不大的，就是小说中的那个周扒皮也不过就是个富农或者说就是一个小地主，凡是能做成大地主的都是权贵。

**城镇化必会伴随着部分乡村的消失**

未来的土地问题是关乎政府和民间社会关系的问题。我觉得这个问题不光涉及农民，因为现在仅仅在农村利益上谈，意义也不大了。因为凡是有些活力的农民，几乎都跑到城里了。中国社会现在最大的问题是严重的家庭危机，将近有三亿多家庭离散人口，以至于产生了很多匪夷所思的新闻。有一个人甚至写了文章，说中国人的传统文化是重家庭、重亲情，根本是胡扯，中国人是全世界最不重家庭的人，中国人是全世界中为了赚钱而背井离乡的最典型代表，没有任何国家的人像中国人这样，为了赚钱可以抛弃家庭，可以一个人在外面达几十年之久，世界上没有一个民族是这样的。

我觉得他的确讲了一个事实，但是这个事实能说是中国人的文化选择吗？而且这种现象背后有一种使人沾沾自喜的情绪，比如很多人说，中国的城市没有贫民窟，中国城市的豪华程度超过世界上的一切城市，又有人说中国的农村没有出现那种衰败的村庄，而是盖满了在其他国家的农村很少有的新楼。这都不是值得称道的。农村，在城镇化过程中人口结构发生了很大变化的情况下，比如说原来住着 70% 的农村人口，现在变成了只住着 30% 的农村人口，那么肯定出现了大量的废弃乡村，有些人现在讲乡村的衰落，指的就是这样意义上的乡村衰落，我觉得是很自然的。反而是人已经走了，还有大量的漂亮房子在那里，那才不正常，而且人们还不断地在那里投资，在那里建没有人住的房子。

这主要是因为他们在城里定居不了，其实这十几年来，我们在对城市外来人口提供平等的公共服务方面已经有了一定的进展，但是最近似乎又有了倒退。近两年，那些原来允许农民工子弟入学的学校也开始越来越刁难了，当然原因有很多，包括城市里的学生家长也不喜欢农民工子弟进来，认为会导致各种问题。根据我的观察，最近两年，这个问题还更尖锐了。

## 减少大城市特权是控制人口流动的良方

现在提出的控制人口流动的意见还是跟过去一样的方向，就是对中小城市的落户全面放开，中等城市的落户有序放开，但是大城市的户口还是严格控制，这是错误的。我觉得最明显的例子就是现在的发达国家，以及经济发展比较正常的那些国家，都没有采取像我们这么严格的控制政策，但也没有出现人口中很大的比例都集中在大城市的现象。不说别的，欧洲的大城市，现在都处在停滞状态，其城镇化率已经很高了，但是人口在大中小城市的比例长期以来是固定不变的，而且保持一个基本合理的状况。对此，有人认为是后城镇化现象，即城镇化到了一定程度，人们就愿意住在郊区，其实不然，因为这种理论解释的是发生在美国的现象，对欧洲并不适用。

比如美国市中心住的都是穷人，富人都是住在外头，欧洲不是，欧洲还是穷人住在市郊，富人相对而言住在主城区。但是即使这样，有一点是欧美一样的，那就是都没有发生大量的人涌进首都，导致首都人越来越多的现象。这些国家，在没有控制人口流动的情况下，为什么能够做到人口的大致均衡？

我觉得中国如果真的想控制超大城市的规模，最简单的办法就是减少城市的特权。我这里讲的减少城市的特权，不是说把现在市民享受的福利都给取消了，而是要减少中央有意识地造成的资源集聚，减少对这些地方的投资，减少对这些地方的公共基础设施建设的特殊待遇，减少把所有的职能都人为地集中在这样的城市。

从历史的角度来说，中国古代的城市兴衰和其他国家相比，有一个相对的特点，就是的确受政治影响非常之大，一个地方如果被选定为首都，十几、二十年后就会变成一个百万人口的城市，一旦迁都，很快就衰落了，不但首都是这样，就连省城、府城、县城也基本上都是这样，现代城市当然不应该是这样的。

近代的城镇化其本质就是人的自由化，所以才有了中世纪末期的那句谚语：城市的空气使人自由。城镇化的本质特征不是出现了很多大楼，也不是出现了很多人挤在一起，当然这两种现象肯定是有的，但是城市（City）的最大特征就是产生了Citizen，即所谓市民，那么市民是什么？市民就是公民，公民又是什么？公民就是自由人。

Citizen不同于农民的就在于，Citizen中既没有Laird（地主）也没有Serf（农奴），所以后来就有了一个概念，叫做Middle Class，当然这不是我们现在所说的中产阶级。当年西方讲的Middle Class指的就是市民，市民可以很穷，就是所谓无产阶级，也可以很富，就是所谓资产阶级，但是他们有一点是不同于农村里位于两极的人，就是他们既不是农奴也不是地主，他们是既不依附于别人，也不为别人所依附的独立的自由人。

正是因为一个国家出现了大量的自由人，这才给市场经济、民主政治开辟了广阔的空间，就这一点而言，我觉得中国不应该有什么例外。

城市有没有吸引力，不应该由它是大城市还是中小城市甚至是农村来决定，而应该完全是市场条件下要素配置的自然选择。政府如果想引导当然是可以的，但是我觉得政府引导的侧重点不应该是指定某个城市要发展什么产业，这样往往都是失败的，政府主要的功能就是消除特权，减少对某些地方的公共投资，减少对不同地方的公共投资上的特权导向。

**歧视存在于外地人和穷人身上**

我觉得中国的城镇化如果真的要走下去，现在的所谓取消户籍制度，或者把人口类别重新做一个归类，不是不可以，但是更重要的是，现在的歧视主要是针对外地人和穷人，而且最关键的是这两者兼而有之的——外地的穷人。假如你是个外地的打工者，那就很麻烦，你即使不是农民，处境也和农民工是一样的，所以我觉得这已经不光是农民的问题了。

而且就农民问题而言，现在也不仅仅是乡村的问题了，乡村中凡是有点能力的人都跑到城里来了，他的权利，如何能在城里实现？如果在这些问题上没有进展的话，我觉得单纯改变户口类别就没有多大的意义。

# 取消户籍制度势在必行

王宁
浙江大学科斯经济研究中心国际主任

---

回到现在的改革所面临的阻碍上，很多人认为中国的下一轮改革一定要通过“劫富济贫”的手段，或者通过充分分配的手段，把钱从富人那里转移到穷人那里，这种看法有一定的道理。但是我们认为，中国的下一轮改革可以通过这种途径走，但是还有另外一种途径，这种途径不需要“劫富济贫”，那这另外的途径该怎么走呢？我们认为中国改革的红利还远远没有释放出来。

---

## 用科斯学说为强权辩护是歪曲

罗纳德·科斯（Ronald H. Coase）在中国的影响力这么大有多方面的原因。一方面是老先生的学问和主流经济学在形式、内容上都不一样。从形式来看，现在的主流经济学像应用数学，但老先生的文章里见不到数学模式，我们的书中也没有任何模型和图表；从内容来看，老先生的研究更强调经济制度对经济运行的影响，尤其是他对产权制度的强调、对交易成本费用的强调，这些都给中国的经济学者一个更好的框架，来看中国的改革过程中遇到的问题。我想这应该是老先生的学问为什么在中国有这么大影响力的一个主要原因。

需要澄清的是，科斯的一些学说在中国经常会被误用甚至歪曲。比如有些人用降低交易成本来为政府的强权做辩护，有些人用科斯定理来为户籍制度、计划生育做辩护，认为既然市场有效，产权如何分配是不重要的。这些都是对科斯的一些学说的误解，不仅发生在中国，在西方也都一样。比如，很多人认为科斯定理说的是交易成本为零的情况下，产权并不重要，因为资源总是会有效地分配，但是这种理解完全误读了科斯的《社会成本问题》这篇文章，因为在任何真实的社会中，交易成本都是非零的，所以在这种情况下产权制度、法律制度对经济的运行非常重要。这种打着科斯理论的牌子来推行一些侵害人民利益的政策、举措，不仅是错误的，也是很不负责任的，也误解了理论，这其实对科斯本人、对我们自己都是很不负责任的一种做法。

国内学者还有个误解，似乎认为市场经济不需要伦理道德，这是错误的。如果我们回归自己的传统，看看《论语》，就会发现道德对于任何社会的正常运转都是不可缺少的，法律本身当然很重要，而且私有产权本身是法律的一部分，但是法律的运作是需要道德作为基础的，没有了道德，人人都只是为了追求自己的利益，这样的社会即使存在，也必然是很丑陋不堪的。所以，认为科斯的理论说的是交易成本为零的情况下，产权不重要、道德不重要，这种说法在学理上是完全站不住脚的。

## 中国并非没有进行政治改革

中国的改革取得这么大的经济上的成就，原因有很多，一个主要的原因就是改革让中国人从计划经济的锁链中解放了。中国从 20 世纪 50 年代中后期到 1976 年，吃计划经济的苦太多太深重了，中国的领导人痛定思痛，要改弦易张、要改革。当时中国的领导人也不知道改革的路应该怎么走，所以就鼓励实践、鼓励试错。要鼓励实践、鼓励试错就需要给老百姓、给地方政府自由，在这个过程中，老百姓和地方政府自己摸索、试错，不断地学习，逐渐走出一条独具中国特色的改革之路。

在改革进程中，政府和民间的改革在不同的时间，或者不同的领域，起的作用是不一样的。比如说在改革初期，整个 20 世纪 80 年代，中国改革的重点是国有企业改革，当时叫搞活国有企业，中国政府认为国有企业改革是中国经济改革的关键，其主导的国企改革就是放权让利，给国企更多的决策权，让它们可以保留一些利润，在改革之前国有企业是没有任何这种自由的，在这个过程中，国有企业的确也得到了一些自由，但是这个改革没有真正地把国有企业从计划经济的桎梏中给释放出来。

在中国政府关注国企改革的同时，城市里的一些非国有企业和农村里的乡镇企业得到了蓬勃发展，这些发展完全超乎中国的领导人意料之外。这些非公有制经济的发展，把市场和私有企业引入了中国经济，所以到 20 世纪 80 年代中后期，当中国政府也意识到国有企业改革没有像他们预期的那么成功，或者说国有企业其实已经遇到了一些困难的时候，他们非常高兴地发现在他们的控制之外，即“边缘革命”释放了巨大的能量。比如乡镇企业和城市里的非国有企业取得了很大的成就，制造了很多就业机会，极大地丰富了人民的物质生活，从这个例子可以看出，政府主导的改革和民间的改革扮演的角色很不一样。

一些学者，如杨小凯，认为中国的经济改革先于政治改革会产生一些后发劣势。对此，我觉得存在一个误解，就是认为中国的改革只有经济改革，没有政治改革。中国在经济改革之时也有政治改革，但是中国的政治改革并没有引起像苏联和东欧那样的政治变革，因为中国的政治改革仍然是中国共产党领导的，当时的改革主要是方针政策和人事上的变化。其中有个很重要的政治改革，是在1978年发生的，叫做“关于真理标准问题的大讨论”。

在此之前，尤其是在“文革”十年中，当时的中国有一个观念，就是政府的任何政策，或者我们个人做的事、说的话，都需要从马克思的著作，或者毛泽东的著作里找到根据。“关于真理标准问题的大讨论”给了中国人一个发现真理、大胆实践的机会，让人们知道了真理没在书里面，真理是要通过实践才能够发现的。如果没有这个变化的话，很难想象后面的经济改革会发生。

回到现在的改革所面临的阻碍上，很多人认为中国的下一轮改革一定要通过“劫富济贫”的手段，或者通过充分分配的手段，把钱从富人那里转移到穷人那里，这种看法有一定的道理。但是我们认为，这样的改革会遇到很大的阻力，因为没有人愿意把自己钱包里的钱拿出来给别人。中国的下一轮改革可以通过这种途径走，但是还有另外一种途径，这种途径不需要“劫富济贫”，那这另外的途径该怎么走呢？我们认为中国改革的红利还远远没有释放出来，过去三十多年的经济改革，主要创造了一个物质市场，所以中国社会的物质生活得到了很大的提高，但是正因为中国到目前为止并没有一个思想市场，所以中国的经济、社会等各个方面都还有很多矛盾和不足的地方，一旦思想市场开放之后，很多问题会迎刃而解。

有些学者认为，这些年的改革有停滞与倒退的迹象，摸着石头过河容易摸上瘾，因此提出要搞顶层设计，我认为顶层设计这个说法比较模糊，因为顶层设计什么东西它没有交代。我们知道中央计划经济有一个很大的弊端，就是任何中央经济计划委员会都不可能了解分散在社会方方面面的知识，而顶层设计也有同样的问题。任何社会都需要法律制度，而法律制度在任何国家都是由国家政权来制定的，但是要保证法律制度运行，实现法治社会的话，政府本身也应该受这个法律制度的约束，就是说国家主席和平民老百姓一样，在法律面前人人平等。所以，假如说中国的顶层设计是一套法律制度，在这个法律制度中党的主席和一个民工受同样的法律约束，那这样的顶层设计我百分之两百欢迎。

## 下一轮改革首先要开放思想市场

言论自由、学术自由是思想市场的一个部分，但是思想市场并不仅仅局限于学术自由和言论自由。我们认为思想市场是经济学里的一个基本概念，它是一个生产要素市场。我们都知道市场经济的运作，要保证生产要素能够在社会里面自由地流通。就好像农民工以前是农民，现在可以到城市里打工，没有农民工的加入，中国过去三十多年来的工业革命是不可能发生的。但是在我们现在的市场经济中，现代市场经济最为重要的元素——知识，其本身的创造和流通，受到了很多限制，所以中国经济有很多潜力没有得到发挥。从这个角度来讲，我们要强调思想市场的开放是中国经济下一轮改革的重中之重。

思想市场，比任何制度都更重要，但中国现在的思想市场，在知识的创造和知识的传播方面受到了种种限制，也因此中国经济的活力远远没有得到体现。所以我们希望中国的新一届政府能把逐渐开放思想市场，作为下一轮改革的首要选择。

商品市场讲究消费者主权，没有人去消费的东西可能就不会被生产，思想市场也是这样。所以如何保证优秀思想被大众所认可，是一个非常非常困难的问题。直到现在我们也不知道什么样的思想市场最能够保护知识，保护知识的创新以及知识的传播。思想市场显然和其他的要素市场非常不一样，原因就在于思想作为一种生产要素，和土地、资本相比有其特殊的地方。一个产品，很多人喜欢，那这个产品就是成功的；没人喜欢，那这个产品就是失败的。但新的思想出现，喜欢它、认可它的人肯定是少数，所以说思想市场的运作需要宽容心，尤其是对看上去与主流观点不相符的，甚至是挑战主流观点的所谓“异端邪说”，要给它充分的空间。

任何新的理论，不管是科学的理论，或是关于人类社会的理论，刚出来的时候，接受它的人必定是少数，否则它就不是一个新的理论了。所以我们一定要宽容，另外持主流观点的人也要认识到，虽然你是主流，你是大多数，但是你的观点不一定是正确的，这种情况下，在民主社会里，即一人一票的社会里，好的思想不一定能够生存下来。所以，我觉得目前的人类社会还没有找到一个行之有效的手段，或者制度，能够保证新的、好的思想能够发育、传播。这就是为什么我们说中国下一轮的经济改革，重点就是培育思想市场，让新的知识、好的知识能够在社会中传播，这不仅仅是对中国的挑战，也是对全球的挑战。

要培育一个好的思想市场，首先，政府要给人说话的自由，而且政府在这方面可以起表率作用。每个人都要有说真话的权利和自由，而且要禁止说假话、虚话。当一个社会里的政府官员开口就说假话、说虚话、说漂亮话的时候，这个社会就很难看到思想市场的运作。所以我们政府首先要做到的就是邓小平在1992年发表“南方谈话”时所说的，要少开会，少说大话，多做实事，给大家更多自由，各种各样的自由，经济方面的自由、办报的自由、办学校的自由。

## 应取消户籍制度和计划生育

我对户籍制度的看法比较简单，它的弊端是人人都很容易看到的。因为户籍制度，所以劳动力不能够自由流动，这对市场经济的运作当然是很大的障碍，就是从社会、人文关怀的角度看，户籍制度也造成了城乡对立，造成了“两个中国”。户籍制度是在20世纪50年代诞生的，在那个年代，假如说你出生在农村，从此只有两个途径可以离开自己的村庄，第一个是参军，第二个是上大学，这对于农村的小孩是非常不公平的。现在户籍制度已有所松动，所以有了农民工，中国也才能够成为世界的加工厂，没有农民工的出现这是不可能发生的。

但现在，正因为户籍制度继续存在，所以农民工还受到很多歧视。比如干活得不到报酬这种现象，大多数都发生在农民工身上。有些地方政府还肆意霸占农民的土地或者侵害他们的权利，这也是造成中国城乡之间经济差异越来越大的一个主要原因，所以中国的下一轮改革，应该围绕劳动市场和劳动力进一步发挥，逐渐地把户籍制度取消掉。我知道户籍制度的改革有很大的阻力，这个阻力来自于很多人不愿意放弃自己的一些既得利益和特权。很多人在特权社会中时间太久，没有意识到自己的特权是特权，而认为这是天生的权利。我们比较一下城市的小孩和农村的小孩，就能发现我们中国现在非常对不起自己的广大农民兄弟。

科斯曾指出，计划生育对中国有很大的影响。我认为计划生育错就错在，由政府来剥夺一个家庭的生育行为，生育行为应该是完全由夫妻双方来决定的，这个权利不应该由政府来控制。当年的政府认为，中国人口多、土地少，所以需要计划生育来控制人口。中国能够生产多少粮食，就是中国的土地能否养活中国人，与当时土地有多少是有关系，但更重要的是这是由每一亩土地能够生产多少粮食决定的，简言之就是由土地的效率决定，而这在更大程度上是取决于科技水平，取决于资本投入，取决于种子好坏，等等。但中国当时的领导人却采取了另一个方法，以为通过强行控制人口，能够帮助中国更快地达到中等发达国家水平。

现在来看，计划生育政策的弊端就更清楚了。任何发达国家，它的经济发展到一定程度之后，每个育龄妇女生小孩的数目都是减少的。这个现象在所有的发达国家都发生，首先是发生在西方国家，后来也发生在日本、新加坡。原因是一个社会发达之后，其妇女肯定会进入就业市场，这样对妇女来说，生小孩的成本会大很多，然后因为生小孩、抚育小孩是一个非常费时费精力的工作，所以很多人自愿地选择越来越小的家庭，就是生越来越少的小孩。目前中国的经济已经发展到了一定的程度，即使完全废除计划生育政策，中国家庭生小孩的数目也不会有太大变化，会有一定程度的升高，但不会回到20世纪六七十年代的水平上。所以，现在这个政策完全没有存在的必要。

从另外一个角度讲，计划生育政策的一个负面效应是其目的变成了控制人口增长，却忘记了任何政策只是一个手段，最终目的应该是让人民安居乐业。计划生育政策出台之后，特别是有了计生委，有了专门的机构来执行这个政策，就基本上本末倒置了，变成了为了执行政策而执行政策。

## 地权归农才能终止户籍制度对农民的伤害

胡星斗
北京理工大学经济学教授

我一直主张废除现有的户籍制度，但实际上我所说的废除户籍制度，指的是废除城乡二元户籍制度，而不是废除人口登记。现在有身份证作为人口登记的系统，它和户籍制度的功能的确有一些重叠，特别是我们现在要建立以身份证号码为唯一标识的基础信息库，有了这个信息库，实际上户籍已经没有什么作用了，所以户籍制度名存实亡。

2014年7月，《关于进一步推进户籍制度改革的意见》正式发布。在中国执行了五十多年的城乡二元户籍制度正式宣告退出历史舞台。这一改革，也被广泛认为是中国近年来推进的最大改革之一。

有的人把我说成是废除派的代表，因为我一直主张废除现有的户籍制度，但实际上我所说的废除户籍制度，指的是废除城乡二元户籍制度，而不是废除人口登记，所以这次中央的意见我还是比较满意的，它废除了城乡二元户籍制度，或者说人口的二元登记。

我们现在有身份证作为人口登记的系统，它和户籍制度的功能的确有一些重叠，特别是我们现在要建立以身份证号码为唯一标识的基础信息库，有了这个信息库，实际上户籍已经没有什么作用了，户籍无非也是起到一个人口登记的作用，所以户籍制度名存实亡。

## 户籍制度背后的二元制依然存在

虽然户籍制度可以很快地废除，或者说人口的二元登记可以很快地废除，但是制度背后二元的附加功能，如二元教育制度、二元医疗制度、二元养老制度等，这些的废除还需要一段时间，不可能一蹴而就。我原来的意思也是，可以先把户籍制度这个名字给取消掉，但是背后的社会保障、社会服务这些可以逐渐到位，或者说逐渐地让全体国民在同一个社会安全网的保障之下，恢复国民的平等权利。

过去的户籍制度造成的最大问题，可能是人户分离，以及由人户分离引发的普通人要花很多金钱和精力，去户籍所在地办事情。我认为人户分离问题应该是逐渐会得到解决的，特别是这次开始推行居住证制度，拥有居住证，就可以在当地办各种证件，而且能够享受到部分的教育、医疗、养老等同城的平等待遇。当然，它不是一蹴而就的，获得了居住证，并不能够马上获得当地的户籍，可能要通过累积加分的方式，逐渐地使一些人加入到当地户籍之中，但是居住证是一个过渡的状态，让人们看到了希望，有了奋斗的目标，而且它是公开透明的，让人知道通过怎样的努力，就有可能成为当地的居民。

这正说明中国的改革是渐进的改革，是循序渐进的，特别是涉及到户籍背后的权利的问题，这个权利不是一个空喊的权利，而是涉及到许多实实在在的利益，所以不可能一蹴而就。因为财政上也不支持立马就解决那么多问题，而通过居住证制度，实际上达到了循序渐进地改革的目的。居住证只是一个暂时的状态，从长远来说，居住证也应当取消，因为从世界上发达国家的情况看，没有哪个发达国家对本国的居民还在实行居住证制度，有身份证就行了。但是中国现在还是处于社会转型的过程中，处于城镇化快速发展的过程中，在这个过程中想要保证城镇化合理有序，只能先通过居住证（过去叫暂住证），来逐渐地实现外来人口的有序迁移。

以前持有暂住证的人几乎没有任何权利，而现在的居住证，它或多或少具有更多的权利，而且不同的城市对居住证赋予权利的多少也是不一样的。有的城市可能只要你拥有居住证，不仅仅是办证照更加方便，而且子女读书也更加方便，医疗和保险的接续、在当地报销等都很方便。所以居住证也可以说是一个进步，其包含了很多的平等权利。

### 一线城市落户门槛依然很高

户籍积分制的累积加分具体怎么操作，我想肯定是允许各个城市有不同的标准。这种累积加分可能会对高端人士更加倾斜，比如高学历人士、国有企业高管、海归等；而对普通的打工者，比如农民工、普通的大学毕业生，有可能限制仍然是比较多的。这可能取决于是特大型城市，还是大城市，抑或是中小城市，中小城市应该是很宽松的。对于大城市而言，这个累积加分，可能主要目的是为了引进人才，越高端的人才可能越容易获得当地的户口；还有可能就是为了引进资金，只要你购买了住房就可以很容易获得当地的户口。但是特大型城市可能就更加严了，很难达到其标准。特大型城市的门槛肯定比较高，特别是一线城市，像京沪广深这样的城市。

所以这个户籍只是取消了一个户口的二元登记，而这个户口的二元登记对于特大型城市恐怕还是一个例外。从中央的决定来看，现在它都是把特大型城市作为例外的，其他的大城市、中小城市，都可以取消户籍制度，但是特大型城市要根据它实际的情况，逐渐地解决。其他的城市是到2020年解决城乡二元户籍制度的问题，但是特大型城市到2030年能否解决，甚至2040年、2050年能否解决，可能还是一个未知数。但是我认为特大型城市也应当加快放开户籍的步伐，或者说要加快取消户籍制度的步伐。因为越设置壁垒、门槛，反而会导致这个城市的特权越多，那么就会有更多的人想进入这个城市。现在为什么这么多人想进入一线城市，特别是像北京这样的城市？因为北京这样的城市实际上就是一种特权城市。

这些特权是怎么造成的？就是由管制所造成的，是由计划经济的体制，特别是财政体制所造成的。比如说中国的财政走向都是由官员说了算的，级别越高的官员越住在北京，那么很多的财政必然投入到北京、很多大的项目必然安排在北京。比如说奥运会，规定只能北京去申办，其他的城市即使想申办，也没有资格去申办，所以最后大量的财政投入到北京。而发达国家却不是这样，发达国家的财政是一种民主决策的财政，各个州、各个市都有代表，然后大家通过投票来决定重大的项目、投资到底安排在哪个州、哪个市，所以其投资最后是相当均衡的。在中国，很多一流的大学、一流的科研院、一流的医院，还有大型国有企业的总部、大型外资企业的总部，都集中在北京，那么大家当然都愿意去北京。这背后，就是官本位在起决定性作用。这样就造就了某些城市的特权状况，也造成了城市之间巨大的差距、城乡之间巨大的差距、地区之间巨大的差距。

**让农民带着财产进城落户**

回到户籍制度改革本身，值得关注的除了离开土地的农民群体，或者说在城市生存发展的农民工，其实还有农民。这次户籍制度的改革，对于愿意进入城市，有条件、有实力进入城市，过上有尊严生活的农民，可以帮助他从土地中解放出来，但是大多数农民，他们未必愿意放弃土地。

因为土地是农民安身立命、赖以生存的基础，而且现在征地的补偿非常低，在城市生活恐怕很快就会用完，他到城市又买不起住房，甚至租不起昂贵的住房，加上又没有像样的、稳定的工作，只能干些低收入、又脏又苦又累的活儿，在这种情况下他当然不愿意到城市安家，也不愿意成为城镇居民，所以很多农民，他们不一定欢迎这次的户籍制度改革，特别是他们担心这次的户籍制度改革会成为一些人的借口，也就是说以户籍制度改革之名，行强征、暴力征地之实，那会使得他们失去土地。只有中国能够大大地提高征地补偿的标准，甚至按照市场化的价格来进行补偿，让农民带着财产进城，这样城镇化对农民而言才是有利的。想要他在城市能够过上有尊严的生活，那么就应当给他市场化的补偿，对此有的人会说那太不公平了，农民凭什么获得那么多？我认为这是公平的，因为农民在过去的几十年中为新中国付出了巨大的代价和牺牲。

我们一般认为，改革开放之前，农民通过义务交粮，给国家提供了约6000亿～7000亿元的直接利益，也就是说农民牺牲了六七千亿元；改革开放之后，因为农产品的剪刀差，还有低价被征用土地，农民的损失至少二三十万亿元，甚至可能更多。而且在改革开放之前，六七千亿元可不是个小数字，那时候的钱很值钱，当时的一块钱，差不多相当于现在的一百块钱的购买力，那个时候的六七千亿元，可能相当于现在的几十万亿元。所以，户籍制度对农民造成的伤害是极其巨大的。

政府虽然几次提高征地补偿费用，由2003～2005年的每亩3.5万元提高到2009年的每亩4.1万元，但是同期土地出让金由每亩21.8万元提高到了每亩51.9万元，政府从农民手里拿走的财产性收入更多。而且农民实际拿到手的一般来说还到不了每亩4.1万元，但地方政府却可以以每亩几十万元，甚至更高的价格卖出，这可以说是对农民利益的巨大剥夺，也是对农民权利巨大的剥夺。未来农民应当有权利直接出让土地给开发商，农民也应当有权利自主地在土地上进行开发、建设，当然前提是要符合国家的规划。

除了户籍改革之外，未来中国还应该对土地制度进行深入的改革。最根本的就是确定农民的权利，让农民使用土地的权利，也可以是土地股份制式的所有，可以采取多种形式。

## 允许城镇居民到农村投资

以后，我们应当允许城里人到农村去购买住房、创业，也就是说现有的小产权房也应当逐渐合法化。所谓城镇化，不能够简单地理解为只是农民到城市去，而应当理解为一个双向的流动，既包括农村人到城市去居住创业，也包括城里人到农村去居住创业，只有城乡互动，才能让城乡都各有好处。大量农民进了城，城里人好处多多，很多又脏又苦又累的活儿农民都干了，很多基础性的服务也都有人干了；城里人也可以到农村去，这样才能够带动起农村的发展，他们在农村居住，其中的有钱人就会去修道路，去创办学校、创办医院，最终才能够带动起农村的发展。

在中国的物权法草案中曾经有这么一条内容，就是禁止城镇居民到农村去购买住房，因为有很多的反对意见，这一条就给取消了，虽然取消了，但是这并不意味着允许城里人到农村去居住去创业，带动农村发展。如果城里人都去农村居住，那这样城里的房价就下来了；如果不允许城里人到农村去居住，就像是目前中国的状况，只允许城里人集中在市中心居住，结果房价就越抬越高。如果能像发达国家那样，富人大多数都到农村去居住去，这就相应地提升农村的发展水平，哪怕是开车需要一两个小时的地方，都有街道名字，给人感觉它仍然是城市。富人都转移到农村去后，市中心基本上是比较穷的人，这样对穷人是有好处的，因为居住在市中心生活成本非常低，还有发达的公共交通，而且学校资源非常丰富，有助于穷人的子弟提高他们的文化水平，提升其身份。

当然，这也有可能带来市中心犯罪率比较高的状况，但是没办法，这是城镇化过程必然会面临的问题，或者说这是一种城市病，这种城市病要靠通过加强管理来解决。其实这种城市病在一百多年前更严重，当时的城市，就像马克思所描述的，比如伦敦、巴黎等，更加混乱，犯罪率更高；但现在的伦敦、巴黎可比过去强上百倍了，而且人口比过去也增加了十多倍。这是一个必经的阶段，人们的城市管理水平也会逐渐提高，未来中国也是一样，通过提高管理水平来解决城市病的问题，不必担心大量穷人或者农民工到城里来。

就是说让农民带着他的财产收入，带着他的资产来到城市，然后让城市里的人带着资金，带着技术去到乡下，这才是一个健康的城镇化。只有城乡互动，城乡才都有好处，城市的房价也会大为下跌，假如小产权房合法化，假如允许城里人到农村去居住去创业，城市的房价至少跌三分之一，农村也会逐渐富裕起来……这样，未来中国的二元制度才会真正走向一元化，实现城乡平等，城乡的发展程度相差无几，城乡居民的权利平等。

## 发动社会力量承担“城镇化成本”

户籍制度改革的政策一出，大家考虑得更多的是“城镇化成本”，就是人的城镇化需要成本，认为这是负担。我认为，人落户到城市当然是财富，城镇化的确有巨大的成本，过去人们曾计算，安置一个人进入城市，要10万元，实际上这是十几年前的数据，从现在来看安置一个人进入城市恐怕至少要50万元。这个钱更主要的应该靠社会提供，要动用社会的力量来办医院、办学校，所以对私立医院、私立学校等的限制都应当进一步放开。中国目前还有很多的限制，比如说民办大学只能在公办大学录取完了之后才能够去录取，而且学生还不能够评优、评国家奖学金等，甚至连坐火车半票这个优惠都没有，要把这样的对民办大学的歧视取消、对民营医院的歧视取消，由社会来办这样的一些公益事业、社会保障事业、社会服务事业，而不是全由政府来办。

还有就是，农村里想进入城市的人，或者是城市里想到农村去创业的人，让他们自己花钱。当然关键是要让农民有钱花，那就要提高其土地的价值，让农民带着财产进城，这样他才能到城市里消费。所以只要能够让农民有财产，提高土地的价值，让土地资本化，让农民有足够的钱进入城市，那么城镇化所需的资金便能解决。

其实只是改户籍制度，而其他的东西没有动的话，可能会走向失败。在户籍制度改革的同时，还要建立一个完善的财政转移支付制度，建立一个更好的土地制度，让农民获得土地的产权，甚至有可能获得所有权，还有要让农民从土地的增值中获益，让土地能够资本化，能够转变成农民的财富，这样农民到城市就不再是流浪，而是带着财产进城，是有尊严的进城。

第四章

# 新城镇化出路何在

## 减税是最好的富民方式

周林
上海交通大学安泰经济与管理学院院长

我觉得中国政府最大的弹药就是其财政收入。我们看历年的数据，中国连续三十多年经济高速增长，但政府财政收入的增长要远远高于我们国内经济的增长，高于国民收入的增长。所以最好的弹药就是政府把财政收入转移到老百姓手里，转移到愿意消费的老百姓手里。

## 刺激经济别力度太大

2012年，国家出台了一系列新的刺激经济的政策，中国经济跟过去几年相比，的确其增长速度是在减慢，这本来是中国经济正常调整的一个过程。过去三十多年来，中国经济连续增长，平均增速可达10%，这在世界历史上都是很少见的。当然世界历史上都很少不是说不可以有，关键是如果中国经济进一步高速发展，在资源、环境等各方面遇到的问题就越来越大，所以中国经济的增速减慢实际上是一个正常的过程。

当然，因为现在的外部环境比较坏，特别是欧洲的经济现在遇到了很大的困难，大家本来认为美国在2008年的次贷危机之后，应该已经走出低谷，已经进入复苏了，但现在看来复苏也比较慢。欧美两大经济体经济增速的放慢，对我们中国经济也产生了比较大的压力。我们的出口等各方面跟过去相比，增速也都开始放慢，所以在这样的背景之下，中央政府的担心不奇怪，也才会考虑出台一些刺激经济的政策。

我觉得现在的情况要比2008年好很多。2008年当时最大的担忧，实际上是一种信心上的危机。2008年，大家对由次贷危机引起的金融危机对中国的影响到底有多大，对中国经济的打击到底有多大，实际上有很多的不确定性。对那个时候的决策层面来说，不确定性是最可怕的，不知道会发生什么，所以有时候出台的政策，力度会比较猛。从现在来看的话，当时的四万亿刺激计划力度上过重，手法上中央政府、各地方政府也直接干预得过多。所以我觉得 2012 年的调控或者经济刺激，相对来说更有经验一些。如今，我们感觉不到像 2008 年那样觉得世界到了末日了，再不出手的话天就塌下来的紧迫感。所以我觉得政府在刺激经济的时候，相对来说会比较准确地把握力度。

现在，政府对房地产市场的调控已经相对放缓了，但我觉得对房地产市场的调控还是必要的。因为我们也看到，房地产泡沫的最终破灭对于经济的打击是很大的。在当年的房地产泡沫破灭以后，日本的经济至今还没有走出低谷。美国的次贷危机，实际上也是刺激了房地产的泡沫，而引发了金融问题，最终导致了经济的萧条。2012 年 6 月西班牙银行的问题实际上也是由于西班牙房地产泡沫破灭，导致很多商业银行的债务产生问题。所以，我们还是应该比较谨慎地对待房地产市场的问题，到目前为止我们的房价是有些下调，但没有在金融系统体系内导致大规模的问题。在这种情况下，传说中的投入一万亿救房地产市场，我觉得没有必要。这样的传说我觉得可能更多的还是民间的一些期望，并不是真实的，毕竟作为有房者，谁也不愿意见到房价下跌。

## 减税是最好的富民方式

有一种市场观念认为，在我们国家的体制下，就算有房地产市场或者其他金融市场引发的市场经济下滑的现象，也不需要过多的担心，因为按照政府的管理方式，其手里有更多的弹药。我觉得中国政府最大的弹药就是其财政收入。我们看历年的数据，中国连续三十多年经济高速增长，但政府财政收入的增长要远远高于我们国内经济的增长，高于国民收入的增长。所以最好的弹药就是政府把财政收入转移到老百姓手里，转移到愿意消费的老百姓手里。我们国家的很多工薪阶层，实际上他们需要消费。刺激中国的消费，主要是刺激他们去消费，而最好的办法就是让他们手里有钱，让他们手里有钱的最好办法是通过减税的方式。中国的税负水平相对于经济发展来说，实际上还是相当高的。

从 2011 年下半年到 2012 年 6 月，在长三角、珠三角一带很多中小制造业企业倒闭的背景下，国家已经为中小企业提供了一系列减税政策。但是我不觉得我们的减税已经走到尽头了，我觉得我们还有更多的空间。针对我们一般老百姓的个人税负，也是做了一些调整，把起征点提高了一些。但是我们的边际税率还是上升得非常快，而且我们目前的税负还只是工薪税，不是综合收入的征税。而大多数经济条件比较好的，特别是我们所说的富人，他的收入实际上并不是来自于他的工薪收入，更多的是资产性收入，在目前的中国，这基本上是免予征收的。国外就不同，很多资产性收入也是要上税的。

我觉得从长远来说、从公平来说，对于高收入阶层的综合收入进行征税，而不是简单地对工薪阶层的工资收入征税，不管是从扩大税基的角度，还是从利用税制调节财富分配的角度，都是必要的。

## 别用凯恩斯主义取代市场

在2012年的大环境下，要给中国政府管理经济的方式提建议，作为一名经济学家，我还是觉得要推市场经济。经过三十多年的改革开放，中国的市场经济可以说已经发生了天翻地覆的变化。三十多年前基本上都是公有制经济，现在私有制经济已经占很大比例了，下一步是把市场化进程进一步推下去，企业发展或者行业发展都要靠一些市场的元素。但是较长一段时间以来，有一些经济学家认为金融危机爆发以后，国内得推行凯恩斯主义。我觉得经济危机发生以后，政府总是要表现得有所作为，所以政府会直接干预经济，回归到凯恩斯主义，这是所有国家包括美国、欧洲各国等采取的同样的做法。

欧洲各国实际上从很大程度上说是“社会主义国家”，所以不奇怪。凯恩斯主义的回归，或者各个国家的政府对于凯恩斯主义的依赖，主要还是因为突发的经济危机，但当这段危机过去以后，我想包括欧美的各国政府，还是会慢慢地回到自由主义的轨道上。中国的话，我觉得，我们应该认识到凯恩斯主义，它有很多局限性，它在危机时期短期内可以帮一些忙，但是长期来看并不是推进经济发展的最好办法。大家把它作为救市的手段这样做，也很难说有其他办法更快更好，但如果中国经济要长期发展、长远发展，还是要大力发展市场经济。

### 高福利不如减税

很多人愿意到美国，愿意到一些经济比较开放的地方去，不完全是为了福利。我觉得他们向往的，更多的是那种体制给他们带来的自由空间，这是很多有抱负的年轻人或者企业家，向往比较自由的经济的很重要的原因。当然，对于社会大众来说，能够吃不花钱的午餐（福利）当然是好事情。在西方国家，政府都是靠老百姓选举产生的，所以谁能够提出使大多数老百姓经济上得益的措施，往往谁比较容易当选，于是政府许诺了老百姓这样、那样的福利。欧洲各国在很长一段时期内，基本上可算是“社会主义国家”。像在希腊，人们到 50 岁就可以退休，就可以享受非常好的政府福利。希腊人平均的寿命差不多是 80 岁，大学、研究生毕业差不多 25 岁进入劳动力大军，50 岁退休，工作 25 年，也就是说 80 年的生命只有 25 年是在真正有效地为社会做贡献。这样要维持高福利，未来必须有非常高的技术进步，才能使我们用比较少的劳动时间，就能获取我们所需要的各种物品和消费。当然高福利一旦给了老百姓以后，谁都不愿意看它被夺走。在整个欧洲经济情况都不错的时候，这些国家依赖外国游客，或者依赖政府之间的转移支付，还可以维持它的这种高福利。但当经济危机到来以后，大家看到了严酷的现实，就是高福利是不可长期持续的。

西方的高福利制度有些方面我们是可以借鉴的，但是有些方面是教训，我们也要想办法避免。在我们的生产能力、经济实力，还没有充分发展的时候，福利项目过多，包括医疗、教育、退休金等，经济上会出乱子，而经济大乱到后来也会影响到社会和政治的稳定。其实我认为对老百姓最好的，与其说是政府收一大笔钱重新再分配给老百姓，还不如少收些钱，让老百姓有更多的支配自己劳动所得的能力，允许他们自由发展。特别是像中国现阶段这个经济发展初期的时候，这可能是一个更好的选择，而不是简单地像西方一样也马上开始推行很多的福利政策，特别是一些我们的经济实力还不能够承受的不现实的福利政策。

很多人说老龄化会导致对福利的需求越来越旺盛，这样听起来老龄化好像是一个负面的含义。但实际上所谓老龄化也表明了我们一般民众的健康状况的改善。我们所有的公民都变得更加健康，这是一件好事，但是如果我们在其他方面不做调整的话，可能也会给政府带来更多的负担。当然，这种调整是一个渐进的过程，是老人老办法、新人新办法。对于现在的年轻人，我们的期望是因为生活条件、医疗条件等各方面的改善，他们从 20 岁到 80 岁，都是一个非常健康的公民。我们在国外看到很多 60 岁甚至 70 岁的老人，他们的思路非常敏捷，体力、精力等各方面也非常充沛，这就能够让健康的人变得更加有生产力、创造力。我希望我们现在的年轻人，到他们进入 50 岁、60 岁以后，他们也不认为自己是老人。当然，这都是相对的，要慢慢过渡。退休年龄逐渐地增加，把退休年龄设定在与我们国民真实的健康状况以及寿命一致的水平上，我想所有的社会实际上都有这么一个过程。在美国，要到 67 岁退休，才能够真正完全地获得社会保险福利，欧洲还没有那么晚，但是他们也是在慢慢调整。

**经济和政治不可分**

计量经济学是一种方法，它把统计学、数学和经济理论结合在一起，对经济进行研究。从这个意义上说，它本身并不能得出一个能够马上运用到我们经济政策、经济分析当中的结论。但是经济计量的方法，可以帮助我们建立经济学的模型，然后利用模型对我们的经济进行预测，或者对我们所要考虑的经济政策来做一些评判。因为西方的经济学发展很多年了，所以在这方面比我们做得要超前一些，他们在用定量方法来研究经济方面，是做得很好的。我们国家现在有很多的经济学家，包括政府决策部门，也开始引用经济计量学的方法，来进行我们的经济研究，逐渐增加它的科学性和准确性。

在我看来，经济和政治实际上是分不开的。有人说政治是经济的延续，实际上任何一个国家、社会的经济发展和政治发展都是互相依赖、互相促进的。做得好的经济发展和政治发展，特别是政治的民主化进程，应该是相辅相成的。中国目前的经济发展应该可以说是达到了一个中等国家的水准，同时我们国家的政治体系也在不断地进步，不过政府在决策时要听更多的民众的声音，受到民众更多的监督，这个大方向，我想是必须坚持的。

# 政府要减少对经济的“扭曲”

朱宁
上海交通大学上海高级金融学院金融学教授、副院长

我们现在已经是世界第二大经济体，所以速度的重要性对于我们来说不如质量的重要性。我觉得，未来经济增速是会出现比较明显的放缓，但我个人对于放缓不是特别担忧，放缓并不是一件坏事，可持续性才是中国现在这个阶段更多应该考虑的核心问题。

## 金融领域应增加容错性

最近的热点话题是银行间的拆借利率升得比较厉害，很多人说这是发生了“钱荒”。其实“钱荒”是整个金融体系和利率错配所产生的后果。2013 年 6 月时，我认为在整个中国宏观流动性非常泛滥的情况下，之所以会出现“钱荒”，主要是因为，我们的资金，无论从资金类别的配置上，还是资金的整个流动性期限配置上都出现了一些错配。看得出来这次“钱荒”有两个主要的原因：一个是比较周期性的原因，每到季度末和月末都会出现一些资金的紧张；而更深层次的原因其实是结构性的问题，就是原来很多的金融机构，尤其是银行都认为一旦出现“钱荒”以后央行一定会提供流动性来缓解这种金融性的危机。但是这次央行却给出了一个非常明确的信息，央行可能对今后整个金融机构承担的风险不会给予隐性担保了，每个银行如果不能够很好地管理自己的流动性，就必须自己承担责任。

如果把中国的金融体系和其他发达国家的金融体系来做比较的话，我觉得确实可以看到我们的金融体系相对比较脆弱。这要求我们在今后整个的监管过程中，无论是利率市场化改革，还是汇率市场化改革、人民币资本项下的流动和开放，都必须给整个金融系统更多的容错性。所谓容错性就是我们必须意识到只有允许影子银行适度地发展，只有允许一定的地下钱庄可以不完全在监管体系下发挥作用，才可能保证一旦我们最传统、最主流的系统出现崩盘之后，可能还会有一个背后的机制，能够保证咱们金融体系的稳定。

我觉得“钱荒”可能会对经济的三四个方面有一定的影响。其中，受到直接影响的是我们的资本市场。银行作为社会中非常重要的资金提供方，它一旦受到冲击就会出现整个实体经济流动性的“失血”，这种“失血”会导致中国企业融资的困难，具体体现在融资成本的上升和盈利水平的下降。我们现在已经有很多中小企业在喊融资难了，如果银行再把表外的一些业务收到表内的话，那么我们中小企业的融资可能就会直接受到影响。

我觉得加强监管很重要，但是我们必须考虑到任何一个监管措施、任何一个宏观政策都必须考虑它背后微观的基础。如果不加以控制，会是一种多米诺骨牌式的连续冲击。

后来央行有条件地注入了一些流动性，我觉得这会不会给市场造成一种预期，特别是给商业银行造成重要预期，就是如果以后再出现类似现象的时候，反正央行最终会出手，所以仍旧放心大胆地把原来属于表内的资产，流到表外资产去，跟现在的做法一样，只是可能稍微有一点收敛，但是最终不会彻底地反思其行为，反正到时候有人兜底！

从事后反观这个问题，我觉得很可能出现一个央行也不希望看到的结果。其实央行的起初不救助，到最后再救助，让我想起来

2008年的时候，美国的美联储和财政部起初不救助雷曼兄弟，然后却开始救助美国国际集团，我觉得这种前后不一致的行为可能反而会导致大家有两种猜测。第一，大家仍然认为中央政府会提供隐性担保，所以导致大家会承担更多的风险；第二，大家发现在整个救助过程中可能会有区别对待，可能会选择救这家，而不救那家，这点会进一步扭曲大家对于承担风险的偏好。所以我觉得从事后来讲，确实没有让很多金融机构真正认识到这个风险。但是我想补充一点，我觉得我们的监管体系，很多时候并不是说具体要推出某一样监管的措施，而是要给市场一个非常清晰的监管的思路。

我觉得央行的这种行为肯定有调整经济结构的考虑。影子银行发展到今天这个程度，反映了央行政策上的两难境地。为了维持咱们人民币币值的稳定，央行必须以对冲的方式大量买入美元，这意味着同时向国内注入了大量的流动性；而为了能够刺激经济，央行也必须采取一种相对比较宽松的货币政策，以上这些都会带来通货膨胀的问题。为了摆脱这个问题，也是为了摆脱银行业对整个金融体系的垄断和压制，央行才提出影子银行，或者提出表外业务。所以这是一种给企业，或者给地方政府融资平台提供资金，但是不会同时额外创造货币供应量的方式。但现在央行可能面临两个困境：第一，从短期来讲如果想要收紧，就必然会影响到经济增长的质量，但保增长是央行的一个重要的政策目标；第二，我们也必须想到为了保增长这个短期的目标，央行可能已经意识到无论是通过信贷扩张也好，还是通过货币增发也好，其实都是在允许整个中国金融体系的风险不断积累。怎么把这个风险逐渐从银行体系疏导到社会中的其他部门，从中国封闭的经济体系疏导到整个国际经济体系，我觉得这些肯定都是央行在考虑这一期的调控措施时考虑到了的。至于怎么执行？我觉得这可能确实是仁者见仁、智者见智，包括短期多高的成本是可以接受的，而中长期如果不接受这个成本，有多大的风险可能会发生，更需要进行一个成本和收益分析，或者进行一个短期和中长期均衡的考虑。无论是金融，还是金融监管都是一门艺术，而不是一门科学。

**政府要退出隐性担保**

中国经济结构调整的重点，在实体经济领域，就是要让整个经济各个方面的参与者做出的都是经济行为，而不是被扭曲的政府行为。产能过剩的很多领域，无论是光伏产业也好，新能源产业也好，或者我们投资者参与的某些领域，无论是炒新股也好，参与私募股权投资也好，包括前一段时间的家电下乡、汽车下乡等这些补贴，都促使消费者在短期内购买了很多产品，但是这一定会抑制中长期的消费行为。所以，怎么能够让市场行为和市场参与者真正按照经济的原理运行，我觉得这是我们的实体经济领域非常需要做到的一点。

在金融领域，我觉得则是怎么让政府对整个金融体系的隐性担保逐渐退出的问题。银监会三令五申地说银行的理财产品是有风险的，但是所有人都认为银行肯定会提供隐性担保。所以虽然它是有风险的资产，但是在投资者角度看来这个风险几近于无。为什么地方政府融资平台可以发展这么多？因为很多人认为地方政府出了问题，中央政府一定会救。就算地方政府没了钱，它也可以向中央政府求助，国企，包括很多地方的开发区也都是类似的想法。所以，要能够真正让市场意识到，中央是中央、地方是地方、政府是政府、企业是企业，有时候通过破产这种方式让市场真正意识到风险的成本是有必要的。怎么能够减轻政府对金融要素的扭曲，也就是让政府对整个金融体系的隐性担保逐渐退出，我个人认为是中国整个金融体系下一阶段改革非常核心重点的方向。

对于金融系统的改革，我个人采取一种比较偏市场的看法。之所以会发生大到不能倒，其实主要是因为我们在其小的时候不愿意去打。我觉得在整个过程中要允许有一两个真正会倒掉的金融机构，或者会违约的金融产品。我们不可能一面发展金融系统，一面又扭曲金融系统对于风险定价的职责。就像乔布斯所说的，死亡其实是生命里非常重要的一个发明，我们只有考虑到死亡，只有考虑到破产，所有的投资者、企业、政府才能够把他们所有的投资行为和融资行为放在一个更理性、更有血液的环境里去思考。

## 容忍低增长以消除泡沫

从2013年6月的货币紧缩程度来看，2013年下半年发生通胀的概率不是很高。但是有一个产品的价格大家都不知道到底是涨，还是降，那就是房地产。从简单的金融理论来看，中国的房地产价格一定是被高估的，从房价收入比、房价租金比等数据中都能发现。但是我们应该进一步思考，被高估的资产是不是一定会破灭？我觉得，这并不一定。就像当年上证综指从1500点涨到3000点的时候，很多人就说已经是高估了，从事后看也确实是高估了，但是还可以从3000点继续涨到6000点。房地产市场的很大不确定性仍然在于我们的政府。如果要房地产调控意味着必须牺牲整个经济增长的速度，那么政府对于放缓经济增长速度究竟有多大的容忍程度呢？这是第一方面的考虑。

第二方面的考虑是，很多地方政府最主要的财政收入来自于土地出让金。我们在进行房地产调控的同时，如果不及时地发展地方债市场的话，地方政府的财政收入就会出现难以为继的情况。我们怎么调整？只有改革，允许地方政府以更正规的方式进行融资，同时还要对我们的整个财税制度进行进一步的改革。以这样的方式推进，我觉得之后的房价会比较平稳，甚至出现下降。因为大家必然会意识到，如果是泡沫的话，虽然可以拉长泡沫的周期，但是泡沫迟早都会破灭，而且拖的时间越长，泡沫破灭带来的后果就会越大。

从 2013 年整个经济的走势来看，我个人其实非常支持政府的想法，就是我们要放缓经济增长的速度。这主要有两个原因：一个是只有在放缓速度的情况下，我们才能够获得宝贵的时间，去调整经济增长的结构和模式；另一个是，我们必须意识到在过去 10 年，尤其在过去 5 年里，很多高经济增长是以牺牲环境、牺牲收入分配的合理性和牺牲整个经济增长的质量来达成的。我们现在已经是世界第二大经济体，所以速度的重要性对于我们来说不如质量的重要性。我觉得，未来经济增速是会出现比较明显的放缓，但我个人对于放缓不是特别担忧，放缓并不是一件坏事，可持续性才是中国现在这个阶段更多应该考虑的核心问题。

## 城镇化的重心应该是镇

大家对国家领导人关于城镇化的想法可能还有一个进一步深化和学习的过程。我觉得第二轮城镇化可能跟我们过去 10 年发生的城镇化有挺大的不一样。如果说前一轮是一个造城、造楼，是一个扩展城市规模的城镇化，那后一轮城镇化，我觉得大家要把重心更多地放在镇上，而不是放在城上。要让很多原来的农村人口在不离开农村的前提下享受城镇化的生活，我觉得这可能是下一轮城镇化要发展的方向。

那么金融怎么来为城镇化服务，或者金融怎么提供城镇化所需要的资金呢？我觉得还是跟可持续性有紧密关系。在美国，很多市政债的发行都是为了帮助地方政府来进行一个公共设施的建设，比如修一个水厂、建一所学校、造一条高速公路，都是由地方政府通过透明的金融工具，通过发行市政债的方式进行集资，把获得的资金投入到某些项目中。如果我们能形成一个比较透明的投资渠道，就可以从中看到地方政府的信用评价怎么样，你这个政府投资这个项目是不是在财政上可以持续。如果这两点信息比较透明的话，我相信就可以吸引社会上的一些投资者把资金汇聚到这里。我觉得我们一定要回避由银行通过信贷的方式来推动下一轮城镇化，因为在过去的 5 年中，我们已经看到了这种城镇化对整个金融经济造成的巨大伤害。

## 万科转型城市配套服务商

王石
万科集团董事会主席

在城市的很多旧项目的改造中，很少要纯做住宅的，可能住宅最多60%，甚至只有40%。那万科做不做呢？如果说我是个纯住宅开发商，我不做，那就等于没有机会了。所以市场本身就要求万科必须进行这样的转变。做了配套之后，你就不能说我是个纯住宅开发商，我只搞我小区的商业配套。而是相反，还要做更多的配套。

## 房地产应该用质量说话

2013年，有很多家房企的销售额都超过了千亿元，所以有人在想，万科的行业老大的位置会不会不保。我从来没有这个担心。首先在量的问题上，当然万科现在还是排在第一位，但我们随时准备被其他公司超过。因为在量上要超过万科并不是很难，比如说中国建筑工程总公司，它要超过万科太容易了，而且它还跨国经营。所以，要在量上超过万科，成为第一，不是很难。但又怎么样呢？很重要吗？重要，但不是那么重要。真正的第一，一定要非常明确自己领跑的是什么，我们领跑的一定是质量。中国现在的住宅施工平均质量，误差是以厘米计的。但万科现在可以公布说，我们的误差是以毫米计的。如果你学的是工科，你就知道这意味着什么，这其中的差距至少有10倍。现在只有万科敢说，我们的工程误差是以毫米计。万科现在同时有多少个项目在施工呢？同时有200多个项目在施工。有多少人在万科的工地上呢？20万人。但万科敢说，我们的误差以毫米计，这是第一。

第二，现在中国房地产的精装修面积占比不超过40%，但是万科的精装修面积占比已经是100%。我们知道，在西方的工业标准当中，所谓毛坯房就是半成品。如果在工业发达国家，你说提供的房子是毛坯房的话，那就是个笑话。但是在中国，现在主要产品

50% 以上还是毛坯房。而万科已经消灭了毛坯房！就这两个数字来讲，光量上超过万科有意义吗？

## 万科转型城市配套服务商

2013 年 6 月底，万科总裁郁亮宣布，万科要从产品供应商转型为城市配套服务商。原因是未来 10 年，中国住宅需求量会稳定下来，甚至会萎缩。这种转型是发展逻辑的必然。对万科来说，过去是非常明确的，我们是一个住宅开发商。但是，即便是住宅开发商，也不可能纯粹就是住宅。

比如说在小区当中，就有一定的相关配套要求，得有学校、商场，甚至小型酒店、剧院等。现在，万科光宾馆就有 15 家了，这是要求配套必须做的，和住宅区结合起来的。可能专门经营宾馆的人，会觉得规模太小，但要求配套必须做，万科只有接受，按照规划做。还有商场，万科现在平均下来每年的开工面积已经是 1500 万平方米，就算 6%（的配套），差不多已经将近 100 万平方米了，这是非常大的一个数字，一年就 100 万平方米了，所以自然而然已经做到了。你已经不再是一个纯粹的住宅开发商了，还要给小区做配套。

还有在城市的很多旧项目的改造中，很少要纯做住宅的，可能住宅最多 60%，甚至只有 40%。那万科做不做呢？如果说我是个纯住宅开发商，我不做，那就等于没有机会了。所以市场本身就要求万科必须进行这样的转变。做了配套之后，你就不能说我是个纯住宅开发商，我只搞我小区的商业配套。而是相反，还要做更多的配套，比如开个大商场，它的服务半径可能就是10公里，甚至20公里。所以必须要转变思维方式，从一个小区的开发配套，到一个城市的开发配套，这是你不得不转的。

从更激进的意义上来讲，地方政府就这样要求了，说我们这儿需要一个博物馆，我们非常欣赏万科的品牌，希望万科能来做。你做不做？这已经和综合开发不一样了。当然让万科赔钱是没法儿做的，但是赚的钱也是很有限的。可能就是政府的地，邀请你做博物馆，这是可以算出来的，设计费多少钱、建筑费多少钱，完成又需要多少钱，最后给个2.5%的管理费，能赚的钱是非常有限的。那做不做呢？万科也做。所以，万科现在从一个纯住宅开发商，转型成为一个城市配套供应商，就是这样的概念。

### 万科未来面临两大挑战

要适应新的环境，万科肯定会做一些改变。未来10年有相当多的不确定性，未来5年还容易判断一些。未来5年，国际化是一个万科要面对、解决的问题。实际上，万科从三年前就已经开始在香港地区建设金融平台，2013年又开始在美国投资房地产项目。

2014年2月10日，在深圳，我们签了一栋60层高的公寓大厦，就是纽约曼哈顿的一个项目，以后在美国的投资会进一步加快；同时，没有什么意外的话，2014年下半年我们在英国的投资也会开始启动。加之，我们现在已经在香港地区、新加坡投资了。所以，未来的5年，万科的国际化会加速。

还有就是万科如何适应变化。第一个变化是，如何从一个住宅开发商变成一个城市产品供应商；第二个变化是，如何适应现在的移动互联网时代。如果10年前说的是如何适应互联网时代，那么现在已经从如何适应互联网时代变成如何适应移动互联网时代。

以上就是万科在未来5年要接受的两个挑战。

## 反腐也是对房地产市场的调控

近年来，中国房地产市场一直被作为宏观调控的主要对象，国十条、国八条、国五条，调控政策层出不穷，限套数、限房贷、试新税，调控方式也很多样。但是进入2013年后，国家层面的、直接的调控政策，仅有年初出台的新国五条和新国六条。在2013年下半年的十八届三中全会上，《中共中央关于全面深化改革若干重大问题的决定》也没有直接提及房地产调控，仅在建立城乡统一的建设用地市场、加快房产税立法、建立房产数据统一平台等方面，被认为对房地产行业有重大影响。

但我觉得反腐也是一种调控。和高级餐馆、奢侈品消费一样，房地产也受影响。因为从房地产角度来讲，它相当的一部分，是根本没市场需求的房子。现在这部分被抑制了，所以说它也是调控。不能说直接对房地产的政策才叫调控，货币政策是调控，对房地产的政策是调控，反腐也是调控。因为它们之间都是有一定关联的，而且市场已经非常明显地感觉到了。

# 中国的城镇化要做“融合社区”

张跃
远大集团董事长

北京、上海等城市目前都面临着城市污染、交通拥堵等“大城市病”，对于这个情况，我已经强调很多年了，在规划建筑时我们要做“融合社区”。就是我们不能一味地追求所谓分离式的、高档的居住方式。

## 经济发展和环境保护不可偏废

作为企业家，我当然主张发展经济。如果社会不发展经济，企业就没有存在的意义了。但是任何事情我认为都有一个度，就像中国古代文化里说的中庸，也就是说经济发展与环境保护中间得有一个平衡。在我们进入经济水平和物质满足程度相当高的时期后，我们也应该花精力来关注环境，关注除了物质生活以外的生态健康，和我们子孙后代的生存空间问题。我认为，在任何时候，这两者都是不可偏废的。但是现在很多人都侧重于关注经济，而没有适当地去关注生存问题、健康问题。导致这种情况的原因有很多。需要我们对症下药，一一解决。

## 中国的城镇化要做“融合社区”

北京、上海等城市目前都面临着城市污染、交通拥堵等“大城市病”，对于这个情况，我已经强调很多年了，在规划建筑时我们要做“融合社区”。就是我们不能一味地追求所谓分离式的、高档的居住方式。我们的居民区，周边没有工业没有商业，只是一个单独的居民区；而商业周边也没有居民区，没有工业；还有工业，周边更是什么都没有……这样，就把城市划分成了至少四大块：居住、教育、商业、工业。

其实这四样是可以融合在一起的，在不久以前，就是我们中国没有大量依赖私人汽车的年代，不算是很遥远，那时的工厂、机关边上都有员工宿舍，这是一种很好的方式。现在大家觉得那种方式很土，觉得现在经济这么发达了，汽车普及、公路四通八达，我们为什么还要过那种土生活，什么走路上下班、走路去学校，我们为什么不搭校车、不开自己的私人轿车呢？这就平白无故地把我们人分开了，把我们生活的距离尺度拉大了，我们每一天放到交通上的时间大大增加，不管是轨道交通还是公共汽车，总之就要依赖交通，一依赖交通这个城市就彻底乱掉了，彻底没有质量了。

现在，小孩子没有了生活空间，大人每天要在路上熬一两个小时，这样的城市首先就是不健康、不幸福的，其次就是对环境不好，因为大量使用机械交通工具就会有大量的二氧化碳排放、污染物排放。同时修公路还要占用耕地，减少植被。事实上在目前的亚洲，几乎没有一个地方是属于无污染等级的。我们一天到晚想如何治理污染，却想不到交通工具的密度太大了，这才是需要治理的一个根本问题。而这些都是规划上的问题，所以城市规划一定要改过来，把四个功能融合在一起，居住、商业、教育和工业这四个城市功能不要分开，要把它们融合在一起。

工业没有本质的污染，最典型的就是宝马汽车，其工厂就设在慕尼黑的市中心，有什么污染呢？在我的印象中欧洲的很多比较重型的工业、化工业都在市区里，像做大型列车的工厂也是在市中心，没有什么问题，而且反过来说这样也会倒逼它们不排放，如果工业远离城市，很容易就懈怠了，大肆排放了。PM2.5 的飘散半径可达 100 公里，以为居民区离得很远，八竿子打不着，但其实几十公里的郊区不解决问题。所以，工业应该在居住区，应该在商业区，应该在城市高密度的地方，工业从业人员才会约束自己。

## 中国应该学习欧洲强制推广建筑保温

我最近几年一直在推广节能建筑，比方说我们如果在博鳌这个地方造酒店，只要在酒店房子上做 10 厘米的保温，安装三层玻璃的窗户，你知道这个酒店就能节省多少能源吗？就这样一做，这个酒店至少可以节省一半以上的能源。如果在北京，我们的保温做到 20 厘米，安装四层玻璃的窗户，节省下来的能源足足是消耗的 5 倍。其实有很多简单的方法，既可以节省能源，又可以提高建筑的舒适度，还可以使得建筑的使用成本大幅度降低，从建造成本到最终的使用成本，整体大幅度降低，为什么不做？

有人说房子做这么厚的保温，是不是要花很多钱？不是这样的，当你做了 20 厘米的保温，安装了四层玻璃的时候，对空调、暖气设备、管道的投资就大幅度地降低了，降低了多少呢？可能只有原来的四分之一、五分之一。而投资的保温，或者叫隔热、强隔热、超级隔热的成本，可能每一平米只增加了 200 块钱，但对空调等的投资，可能每一平米就节省了 300 块钱，为什么不干呢？从投资的角度来说都已经获益了，至于长期的使用效果，那就更不用说了，一年就能节省下每平米七八十块钱的能源费用，为什么不做呢？现在的中国，城镇化速度那么快，天天要建那么多的房子，可都是隔热不彻底的房子，这是很严重的问题。对此，我很焦虑，每天都在呼吁。

但这其实是很浅显易懂的，我就在思考：为什么大家不重视呢？为什么大家始终不去解决这个问题呢？为什么只有欧洲重视，甚至于只有西欧、北欧的那些国家重视呢？像德国就要做 30 厘米到 40 厘米，为什么我们不这样做？我觉得很奇怪，我们什么东西都学外国的，为什么建筑的保温不学外国的？于是，我们只能自己做，我们把所有的房子都改造成这样，包括天空城市，包括所有的工厂化建筑，在南方做的是 20 厘米的保温，在北方像北京这样的地区做的是 30 厘米的保温，这是多么简单的事情啊，但是没人学我们。我的企业是生产空调的，好像空调卖多一点对我有好处，但是我不这样认为，道理不是这样的，空调是白白的浪费。

# 政府要给民间更多空间

丁学良
香港科技大学教授

在城镇化的问题上，地方政府在有些方面的作用发挥过分。中国的一些地方政府可能存在竞争，竞争当然有其合理的理由。第一个是经济方面的，第二个是政治地位方面的。

## 利益阻碍了改革

中国社会转型这个概念在维度上有个宽的，有个窄的。比较狭窄的社会转型的概念，它不包括政治这些事，它就讲社会，比如说城镇化，比如说农民工进城，社会老龄化、二胎政策等，它讲的是这些事；那么广义的社会转型就是把政治、法律、教育、经济都放到里面去。从这个广义上来讲的话，中国在这些领域里面都有些重要的进步，但这个进步的速度，过去积累下来的这个速度是大不一样的。可能广义上的中国社会转型最突出的方面是经济方面。无论是从国内还是国外来看，海外的这些华人学者，只要一年没回内地，过一年回来，很多地方都变样子了，这都是跟经济有关系的。

当然相对来讲，我们在其他方面取得的进步，或者是改变，比起经济方面就要滞后很多。比如说食品安全问题，药品安全问题，建筑材料安全问题，就是对这个广义的安全问题，中国人老是生活在一种持续的担心之中。

为什么会出现这种现象呢？是因为经济发展的速度跟其他方面的不同步，等于说错位了。会出现这个问题的原因，一是因为中国不断地抗拒其他国家经济发展和转型的经验教训。第二是因为遇到了来自于一些既得利益者的阻碍。因为每个方面的改革，必然会使某些既得利益者遭受损失，他们自然会反对。前一个我想是认识上的，第二个属于利益上的，我想还有其他的原因，但是这两个原因最重要。

2012年年底到2013年年初，全国初具规模的做小额贷款的机构，大概说一共有4000多家。中国一个13亿人口的国家里面，这个4000多家远远不够。小额贷款只是这个社会各种各样的金融环节中间的一个环节，你还得要其他的一些环节来配合。

农村有一些借贷的办法就是以前叫“抬会”，也是小额贷款的一种方式，互助的一种方式，现在要想从这种最初级的、最原始的方式往上走一走的话，还得有其他的措施。比如说它能不能够吸收比较多的民间的存款？这部分得有法律上跟进。如果法律上没有跟进的话，那么就会出现像温州的吴英那种事情。

如果国家的法律能够发展得比较快，改革得比较快的话，就能够使本身有这个需求的活动在法律的架构之下，用透明度比较高的方式运作。如果国家没有相应的法律，结果就是迫使这些有巨大需求的活动转入地下，那就更糟糕了，这些道理我们都懂，所以那些管经营的高层官员也懂的。

## 城镇化必须解决农民非农业生存问题

在城镇化的问题上，地方政府在有些方面的作用发挥过分。中国的一些地方政府可能存在竞争，竞争当然有其合理的理由在。第一个是经济方面的，第二个是政治地位方面的。这就使得一些地方政府条件不足的，或者没有条件的，他们也要拼命地拔苗助长。我想这是在推进城镇化方面，有许多事情被他们弄糟糕的原因。不能说他们一点成绩没有，但是经常造成严重的社会冲突。

我举个很简单的例子，就是把人家土地拿来以后，即使把他名义上的户口或者待遇转成了城镇居民，但没有解决另外一个巨大的问题，就是这些农民本身没有在非农业的经济系统中间谋生、工作的能力，他们要怎么办？这个东西不是一天两天能够积累的。我想下一步中国的城镇化，除了对农民土地的产权转让要有更加公平、合理的赔偿，还有一个重要的任务，就是要把农民包括他们的子女，从务农的生产方式、生存方式，转为非务农的。我是农民出身，所以对这个东西感触非常深。

这不是很重要，但是根本的变革。我们都知道，中国城乡居民之间差别严重的很重要的原因就是农民对土地没有完整的产权。没有完整的产权的话，土地本身就不能合法地转让。如果能合法地转让的话，那么很多的农民就可能从土地的转让中，一下子从贫变成富。

同时，城乡区域、行业之间的差距也逐渐扩大。例如，早些年农民离开农村到城市打工，成为农民工，然后出现了一些“农二代”，有的地方甚至到“农三代”了。虽然已经在城市扎根，但由于身份问题，他们享受的待遇跟城镇子女的差别还是很大的。我有一个同学，一直从事中国社会过去 40 年里的社会流动及机会分布的研究，他叫李强，是清华大学社会科学院院长。他说，从 1978 年到 2013 年的 35 年间，前十多年还能看到中国社会里面父母亲穷，或者爷爷奶奶这一代穷的孩子，翻身的机会还蛮多的。因为那个时候教育资源的分布不是像后来那样严重地偏向大城市，所以很多人可以通过这个渠道翻身。

另外那个时候创业需要的成本也比较低。在一代人之间就能翻身，就有父母亲很穷，子女还能从农村里走出来，变成很有技能，或者有高等学历的人，等等。他说这种现象进入 90 年代以后就变了，父母亲穷的，子女翻身的机会越来越少。

就像美国，在过去 30 年里，享受高等教育的成本越来越高，翻了一番还不止。虽然有这么多的抱怨，但是全美国的统计数字还是显示，虽然高等教育对家庭造成了经济上的巨大负担，超过了其他的产品和服务的平均价格的上涨水平，但是回报很高。但是在中国，有的人会说我大学读了以后白读了，因为我觉得读了大学以后现在找不到工作，即使找到工作起点工资也比不上技术工人。这是其他的原因造成的，不能归于高等教育没用。

### 从宪法角度看户籍制度

户籍制度最早来自于苏联，苏联为什么有户籍制度？因为苏联在快速工业化的时候，需要农民为国家工业化提供原始积累，于是便实行了居民证制度。当时苏联只给城镇居民发放居民证，而农民没有居民证。没有居民证和其他有关证明文件，苏联公民是不能异地流动的。通过这种方式，苏联一方面把农民束缚在土地上，限制了他们的自由流动；另一方面国家可以根据工业化发展的需要，有计划地从农村吸纳劳动力。

斯大林的时候，这个制度英文称作 Internal Passport System，Internal 就是指国内，Passport 是护照，听起来很荒唐，因为护照是指出国，到人家国家里面才需要护照，在自己国家里面是不需要护照的。为什么英文把它称作是 Internal Passport System 呢？就是因为从那个时候开始，城里人可以在城里面找工作、就学、生活；农村里面的人就不能够进城了。你要进城，没有这个 Passport，没有这个护照就不行。这个是苏联的城乡户籍制度的来源，它就是政府要严格地控制人身自由，把人、劳动力这个要素严格地控制在政府手里。

中国后来进行大规模的快速工业化，就是 1958 年“大跃进”的时候，发现这个办法很管用，马上就把苏联这个制度拿过来了。

那么户籍制度什么时候改呢？什么时候才能推出一个真正能够落实的新的法律、法规，或者把目前不合理的都改掉，回到起点上去，我觉得政府心里大概有一个时间表。

# 应尽快治理城市土壤污染问题

仇保兴
国务院参事、住房和城乡建设部原副部长

我国土壤污染超标的成分中无机污染物占83.8%，也就是说差不多84%是由无机物带来的。无机污染物主要来源是化肥、农药和城乡生活废水、工业废水和其他工厂的垃圾。有机污染物仅占约16%，有机污染物在大自然中可以自我降解，而无机污染物往往是积累性的，所以这个问题要引起高度重视。

相比看得见的空气污染，我们每天脚踩的大地也许受到的污染更严重。据业内人士介绍，受到重金属、挥发性有机物等各种污染物质的污染，我们的土壤已“病”得不轻，即便不打农药、不施化肥，种出来的粮食蔬菜也可能是不安全、不利于健康的。2014 年，首个《全国土壤污染状况调查公报》显示，我国土壤环境状况总体不容乐观，总的超标率为 16.1%。土壤污染问题，已经不容忽视。

**城市土壤污染危害要引起高度重视**

2014 年，环境保护部和国土资源部发布的《全国土壤污染状况调查公报》显示，我国土壤环境状况总体不容乐观，总的超标率为 16.1%。土壤污染在我国必须要引起高度的重视，因为空气的污染可以被风刮走，水的污染源头不外乎工厂和生活，现在治理技术路线和政策都较为成熟。但是土壤污染我们从来没有认真去治理过，我国治理土壤污染成功与失败的经验，从自身来讲没有积累，这一点是很严重的。

但是比这个 16.1% 更严重的是什么？就是城市内部土壤污染，过去的工厂成了市中心，根据 2014 年的普查结果，在它们的周边，土壤污染超标是 36%。越是靠近城市中心的工厂旧址污染超标越严重。人是生活在城市里的，城市中的这些土壤如果说超标非常严重的话，比起远山或者农田里的土壤污染超标影响面会更大。为什么呢？因为就算乡间土壤里有污染超标，但要转化成农作物污染的超标，转化成粮食污染的超标又是另外一回事情。这要去分析哪一种农作物它能够吸收、积累土壤中的重金属，哪一些不会，人们还可以选择。但是城市里的土壤污染，有可能变成灰尘被人吸进去，小孩子在地上玩耍，就有可能把污染物带入消化系统，这会比农田里面的污染引发更加严重的后遗症。

另外一个数据也值得指出，我国这次针对土壤污染的普查得到了一个结论：土壤污染超标的成分与发达国家不一样。我国土壤污染超标的成分中无机污染物占 83.8%，也就是说差不多 84% 是由无机物带来的。无机污染物主要来源是化肥、农药和城乡生活废水、工业废水和其他工厂的垃圾。有机污染物仅占约 16%，而发达国家往往是有机污染物占的分量比较大，有机污染物在大自然中可以自我降解，而无机污染物往往是积累性的，所以这个问题是要引起高度重视。我再强调一下，城市土壤的污染，要比原野、森林、草原、农田的污染对民众的危害性更直接。

## 企业国外拿地不做土壤分析吃大亏

现在，有很多城市都在推生态城市、低碳城市，打造这样的城市新模式，我认为国外有许多经验是值得我们汲取的。我国有许多企业到国外投资，当他们在城市里买了块地以后，往往就会像在中国那样，压根儿也没有想到去分析这块地的土壤成分，没有去追根溯源。这块地上曾经盖过哪些工厂，这块地的土壤和地下水有否被污染，污染物是什么成分？容不容易治理？他们一概都不清楚。

最典型的是有一个企业在发达国家买了一块地以后，卖方说我留给你2000万美元作为不确定风险因素，中国人说这个没必要啊。结果呢？虽然把这2000万美元接受下来了，但没想到那块地原来是一个很大的污染工厂的遗址，要治理好这块地的污染问题，远远不止2000万美元，而是要两亿美元，比买这块地的价钱要高得多！所以说在这一类问题上，我们如果没有这个意识，企业家们走出去是会失败的；如果政府决策者们没有这个意识，也就建设不好宜居城市。

所谓生态城市，它的理念就是在规划建设城市的时候，从设计、建设和运营每个环节，城市的各类排泄物，建筑风格，空间布局，城市运行的方式，能量、水、其他物质的需求，都必须控制在最小或最优。这样的话，这个城市是轻轻地“安放”在大自然中的，对大自然的干扰是最小的，这就是生态城市应有的内涵。

## 加大环评机构与权力部门的分离

我国环评工作从真正开展到现在还仅仅是五六年时间，实际上我国整个环评的队伍水平、环评技术、环评的经验方法还不够成熟。

最早环评是为了什么呢？是为了科学评估某个项目对周边环境的影响。对原来土壤和水里的一些污染物，特别是地下水的污染物，进行现场检测等基础工作做得远远不够。所以说，如果一个工程有环评证书，不一定是十全十美的，因为环评是人对环境的评估，人经常会遗漏掉很多东西，人需要经验积累和法规约束。国外的环评工作有几十年甚至上百年经验的积累，这种经验的积累、技术的成熟，以及体制上的法治保证，不是一个晚上能到达的。我国环评队伍还非常年轻，环评的方法也相对来讲还不成熟，我们还应该在这方面加大投资，加大培训，加大监督，加大与权力部门的分离。

我们看到新来的环保部长已经做了这个决定，所有的环评机构都必须跟环保部门脱钩，让它们变成一种社会化的中介组织，那么它们相互之间就会引发竞争，如果中介机构做得不好，环保部门可以处罚它们，如果它们是自己的孩子，环保部门怎么处罚呢？那只好包容，而且把它们作为一种权力的延伸，只要企业给钱或者领导拍板就发证书，现场污染的检验等什么的都可以不计，这样的环评证书你说还可靠吗？

## 中国绿色建筑的增长属世界最快

绿色建筑，是一个国际流行的名词，也就是建筑在全生命周期内做到节能、节材、节地、节水、室内环境空气质量优良；同时还是一个代名词，也就是说这个建筑对当地的气候是自适应的。这种建筑国际上已经很成熟，已经有20年的发展史。但在中国却刚刚起步，目前从中国建筑的全生命周期来讲，对能源、资源的需求量还非常大，已经超过50%。在这种情况下，中国发展绿色建筑，比任何一个国家又更紧迫。所以，2013年国务院出台了“一号文件”《绿色建筑行动方案》，规定我国必须优先发展绿色建筑，而且要强制性发展；财政部也出台了政策，二星级以上的绿色建筑，每一平方米补贴45块钱，三星级补贴80块钱。

我国的绿色建筑不仅有标准，而且这个标准已经更新过一次，所以说2015年1月1日开始执行的是新标准，是第二轮国家级绿色建筑标准，这一点，我们的很多房地产商都不知道。我个人觉得作为南方城市，应该向深圳学习，深圳在这七八年之内，一共建成了上亿平方米的绿色建筑，2014年一年它的绿色建筑建成总量就达2000万平方米，数量巨大，相当于整个广东省60%的绿色建筑集中在深圳，为什么？领导重视。

就全国来说，这种推进是没有问题的。我国绿色建筑的增长是全世界最快的，每年总面积基本上都能翻番。2014年，我国绿色建筑总面积已经超过了一亿平方米，发展速度全球最快。

## “一带一路”最可能拉动基建

现在很多企业不管是房地产还是其他行业的企业都在海外拓展，而我个人认为，“一带一路”最先启动的项目有可能是基础设施，但也有可能是旧城改造、新城开拓，包括贫民窟改造。因为在东南亚一带有大量的老百姓的居住状况非常差。根据联合国统计，发展中国家，包括东南亚一带，50% 以上的城市居民是居住在贫民窟里面的，这种居住状况你要去看了，非常寒心，一个小屋子里面居然住了七八个人，而且是臭气熏天的。

中国完全有能力去帮助他们，进行大规模的棚户区改造、旧城改造。因为中国有三大成功经验是世界上少有的，第一是保障房建设，而且 2015 年是采用绿色建筑为主，推行住宅产业化，零部件在工厂里生产，然后到现场装配。第二是大规模地进行城市更新，尤其是灾后重建。我们花了两年时间，就把四川的灾后重建基本结束了，使 100 多万因受灾被迫离开家园的老百姓，重新返回家园，而且这个家园的建设水平比原来提高了很多，两年走过了 30 年走的路程，而且重建的建筑全部是抗震的。哪怕到了玉树灾后重建的时候，所有的材料都是 1000 公里以外的地方运过去，我们也只花了三年，把玉树的 10 万人口安置好了，他们的生活品质提到了很高的档次，我们有这样宝贵的经验。第三，更重要的是中国还有生态城市的建设经验，这种绿色建筑、生态城市的建设经验，如果跟棚户区改造与贫民窟改造结合起来的话，我们就可以在“一带一路”建设过程中发挥巨大的作用。

## 保障房政策必须转向人性化

2015年的“两会”说，我们的保障房要实行实物保障与货币共举，把一些存量房作为公租房和安置房，其实很多城市也都在这么做。我个人觉得这是一个利好消息，为什么？因为我们的保障房建设指标原来是一种指令性分配，必须很快地转向每个城市根据自己的需求来提出任务。更重要的是我们的保障房建设不一定仅是增量的，不一定是“补砖头”的，应该是“补人头”，这样我们就可对那些贫困户、那些确实住房非常困难而且收入比较低的人群，由政府直接补贴房租。传统的保障房往往离开他们工作的地点很远，所以他们可以租用现有的一些空房、空置的商品房，来使他们的生活得到改善。城市规划学中有一句名言，就是“穷人很难在空间上进行自由移动”，而富人却有空余的时间，而且有非常便利的自驾车在空间上进行自由移动，所以保姆就必须住在主人的家里，农民工必须住在工棚边上，又比方说为企业打工的，他们必须住在工人宿舍里，因为他们空间移动能力很差，他们的时间花不起，而且几块钱的公交费，对他们来讲也是一笔不少的支出，所以他们必须紧靠着就业岗位来居住。所以说，“补人头”比“补砖头”要人性化得多。至于这些房子的来源，我觉得没有问题，现在各地的空置房非常多。因为这些空置房，国家下一步可能还会出台一些政策，促使这些空置房能够转化成低收入者的居住房。

**图书在版编目（CIP）数据**

城镇化未来：中国城市发展的挑战与契机 / 网易财经中心主编. -- 北京：中国言实出版社, 2016.3

ISBN 978-7-5171-1665-3

Ⅰ. ①城… Ⅱ. ①网… Ⅲ. ①城市化—研究—中国 Ⅳ. ①F299.21

中国版本图书馆CIP数据核字（2015）第272035号

---

**责任编辑：** 史会美

**出版发行** 中国言实出版社

地　址：北京市朝阳区北苑路180号加利大厦5号楼105室

邮　编：100101

编辑部：北京市西城区百万庄大街甲16号五层

邮　编：100037

电　话：64924853（总编室）　64924716（发行部）

网　址：www.zgyscbs.cn

E-mail：zgyscbs@263.net

**经　销** 新华书店

**制　版** 杭州真凯文化艺术有限公司

**印　刷** 杭州钱江彩色印务有限公司

**版　次** 2016年3月第1版　2016年3月第1次印刷

**规　格** 710毫米×1000毫米　1/16　11.5印张

**字　数** 112千字

**定　价** 35.00元　ISBN 978-7-5171-1665-3

投稿信箱：tougao@lanshizi.com
团购联系方式
热线：0571-86535634 0571-86535640
传真：0571-86535601
信箱：fy@lanshizi.com